汽车
底盘构造与维修
一体化教材

◎主　编　宁　斌　黄龙进　温继峰
◎副主编　侯　捷　陈光倍　黄　万
◎参　编　韦国卫　黄　祎　李　联　黄悦芬　方青媛　覃　剑

电子工业出版社.

Publishing House of Electronics Industry

北京·BEIJING

内 容 简 介

本教材以工作过程为导向，以典型工作任务为载体，采用项目教学的方式组织内容。主要内容包括认识汽车底盘、传动系统、行驶系统、转向系统、制动系统五个项目，每个项目由若干个任务组成，每个任务由任务引入、相关知识、任务实施、拓展知识等内容组成。同时在相关知识和任务实施两个部分增加了一些小栏目，比如"提示""注意"等。在任务引入部分，通过工作任务引出完成此工作任务所需要的理论知识和技能；在相关知识部分，详细介绍完成该项目所必需的知识与技能；在任务实施部分，介绍了各总成的拆装、检修及调整方法，同时强调了课程思政元素。本教材配有与各知识点相对应的工作页，学生在完成技能操作后可以通过工作页巩固相应的理论知识。

本教材可作为职业院校汽车类专业的教学用书，也可作为汽车维修人员和汽车技术爱好者参考、学习、培训用书。

图书在版编目（CIP）数据

汽车底盘构造与维修一体化教材 / 宁斌，黄龙进，温继峰主编. —北京：电子工业出版社，2022.1

ISBN 978-7-121-42861-6

Ⅰ. ①汽… Ⅱ. ①宁… ②黄… ③温… Ⅲ. ①汽车－底盘－结构－中等专业学校－教材②汽车－底盘－车辆修理－中等专业学校－教材 Ⅳ. ①U463.1②U472.41

中国版本图书馆 CIP 数据核字（2022）第 021714 号

责任编辑：张　凌　　　　　　　特约编辑：田学清
印　　刷：涿州市京南印刷厂
装　　订：涿州市京南印刷厂
出版发行：电子工业出版社
　　　　　北京市海淀区万寿路 173 信箱　　　邮编 100036
开　　本：880×1230　　1/16　　印张：15　　字数：319.2 千字
版　　次：2022 年 1 月第 1 版
印　　次：2024 年 12 月第 7 次印刷
定　　价：43.00 元

PREFACE

前　言

　　汽车底盘维修技术是汽车维修技师、汽车维修质量检验员等汽车维修人员的专业技能，是汽车维修高技能人才必须掌握的技能。汽车底盘维修课程是中、高职汽车类专业的一门核心课程。

　　本教材以训练学生的专业技能为主要目标，详细介绍了离合器、变速器、万向传动装置、驱动桥、行驶系统、机械及动力转向系统、制动器及制动传动装置的工作原理及拆装检修等内容。

　　本教材以工作过程为导向，以典型工作任务为载体，采用项目教学的方式组织内容。在任务引入部分，通过工作任务引出完成该工作任务所需要的理论知识和技能；在相关知识部分，详细介绍完成该项目所必需的知识与技能；在任务实施部分，介绍了各总成的拆装、检修及调整方法，同时强调了课程思政元素。本教材配有与各知识点相对应的工作页，学生在完成专业技能操作后可以通过工作页巩固相应的理论知识。工作页引入专业技能及课程考核方案，专业技能通过随堂考核的方式，将"教""学""做""考"巧妙地融为一体；既检验学生掌握专业技能的水平，同时也能体现教师的教学水平。

　　课程教学目标增加了思政目标，教师在课前或专业技能实训时组织观看大国重器、大国工匠等视频，培养学生对专业技能精益求精的工匠精神、树立良好的社会主义核心价值观以及遵纪守法的良好品德，体现了专业课与思政课同向同行。

　　本教材由广西物资学校牵头，联合二十余所职业院校，依托汽车运用与维修专业实训室建设项目（项目编号：GXZC2021-J1-000913-GXZL），在汽车专业理实一体化教学改革成果（国家教学成果奖二等奖）的基础上修编而成。

　　由于编者能力有限，加之时间仓促，书中难免存在不足之处，敬请广大读者提出宝贵意见，在此深表感谢。

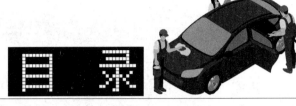

CONTENTS

目 录

项目五　制动系统 / 182

参考文献 / 233

配套资源

项目一

认识汽车底盘

📖 项目描述

　　刘老师去参加北部湾车展，想趁车展有优惠活动购买一辆心仪的汽车，看了几个品牌的汽车都听到销售顾问提到关于汽车底盘的问题，一个品牌的底盘调校偏软，风格偏向于舒适性；另一个品牌的底盘调校偏硬，风格偏向运动，在融合潮流的同时开始追求极致的硬朗属性。那么什么是底盘呢？本项目就来学习汽车底盘的相关知识。

任务 了解汽车底盘的构造

知识目标

1. 掌握汽车底盘的基本组成及功用。
2. 掌握汽车底盘的各种布置形式。
3. 熟悉汽车底盘各系统的安装位置。

能力目标

1. 能说出各系统的结构。
2. 能说出底盘的新技术。

思政目标

1. 通过底盘调校的知识学习，培养学生精益求精的工匠精神。
2. 通过学生小组合作学习，培养学生爱岗敬业、团结互助的价值观。

任务引入

汽车种类繁多，结构各异，汽车一般由发动机、底盘、车身及电气设备四部分组成。汽车底盘由传动系统、行驶系统、转向系统和制动系统组成。本任务主要介绍汽车底盘的总体结构及底盘新技术等知识。

相关知识

一、汽车底盘总体构造

汽车底盘是汽车的基体，如图 1-1 所示，其作用是支撑和安装发动机、车身、电气设备及其各部件与总成，形成汽车的整体造型，传递发动机动力，使汽车产生运动，并保证其正常行驶。底盘由传动系统、行驶系统、转向系统和制动系统组成。

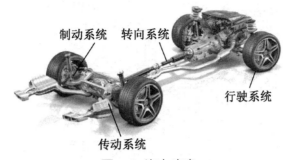

图 1-1 汽车底盘

1．传动系统

（1）作用：将发动机动力按需要传递给汽车驱动轮。

（2）组成：按结构和传动介质不同，汽车传动系统可分为机械式、液力机械式等方式。机械式传动系统由离合器、变速器、万向传动装置、主减速器等组成。

① 离合器：保证换挡平顺，必要时中断动力传递。

② 变速器：变速、降速增矩、改变传递方向、中断动力传动。

③ 万向传动装置：实现有夹角和相对位置经常发生变化的两轴之间的动力传动。

④ 主减速器：将动力传给差速器，并实现降速增矩、改变传动方向。

⑤ 差速器：将动力传给半轴，并允许左右半轴以不同的转速旋转。

⑥ 半轴：将差速器的动力传给驱动车轮。

汽车传动系统的布置形式主要与发动机及汽车驱动形式有关。

驱动形式表示为：汽车车轮总数×驱动车轮数。常见的驱动形式有 4×2、4×4 等。

发动机前置后轮驱动（FR）是传统的布置形式，应用广泛，用于各种车辆，如图 1-2 所示。

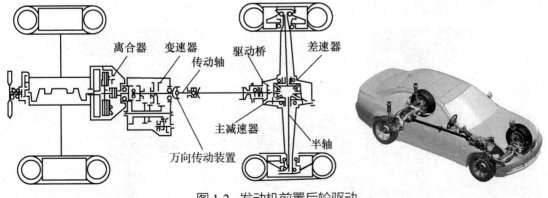

图 1-2 发动机前置后轮驱动

发动机前置前轮驱动（FF），多用于轿车，但豪华轿车很少采用，如图 1-3 所示。

发动机后置后轮驱动（RR），多用于客车，如图 1-4 所示。

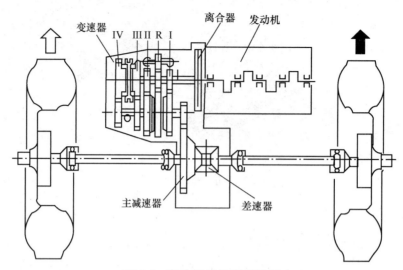

图 1-3 发动机前置前轮驱动

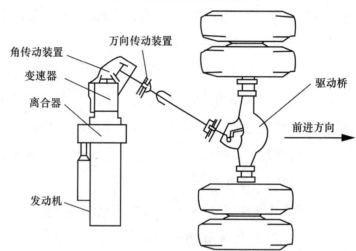

图 1-4 发动机后置后轮驱动

发动机前置全轮驱动（XWD），如图 1-5 所示。

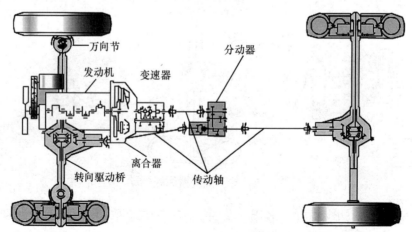

图 1-5 发动机前置全轮驱动

发动机中置后轮驱动（MR）用于跑车、赛车，如法拉利、保时捷、F1赛车等。

2. 行驶系统

作用：支撑、安装汽车的各零部件总成，缓和冲击、吸收震动、传递和承受车上及车下各种载荷的作用，以保证汽车正常行驶。

组成：行驶系统由车架、车桥、悬架、车轮等组成。

后驱动行驶系统如图1-6所示，前驱动行驶系统外形如图1-7所示。

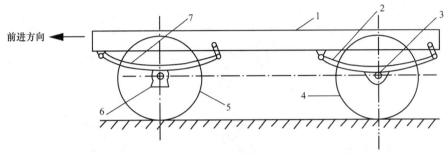

1—车架；2—后悬架；3—驱动桥；4—后轮；5—前轮；6—从动桥；7—前悬架

图1-6　后驱动行驶系统

图1-7　前驱动行驶系统

3. 转向系统

作用：保证汽车能够按照驾驶员选定的方向行驶。

组成：转向操纵机构、转向器和转向传动机构。

转向系统分为机械转向系统（见图1-8）、动力转向系统（见图1-9）和电控转向系统。动力转向系统由转向油罐、转向油泵、转向直拉杆、转向油管等组成。电控转向系统在目前的轿车中比较常用，除机械机构，还包括电动机、电脑控制系统等。

4. 制动系统

（1）作用：使汽车减速、停车并能保证在各种道路条件下（包括在坡道上）稳定驻车。

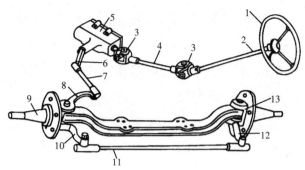

1—转向盘；2—转向轴；3—转向万向节；4—转向传动轴；5—转向器；6—转向摇臂；
7—直拉杆；8—转向节臂；9、13—左右转向节；10、12—梯形臂；11—转向横拉杆

图 1-8　机械转向系统

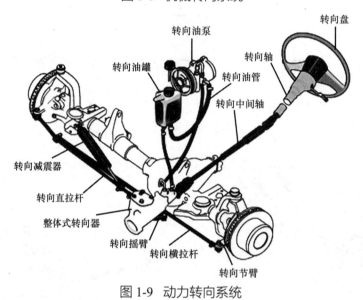

图 1-9　动力转向系统

（2）组成：一般汽车制动系统设有行车制动和驻车制动两套相互独立的制动装置。行车制动系统主要由制动操纵机构（制动踏板、真空助力泵、制动主缸）、传动装置（液压油、液压管）、控制装置和制动器（前、后制动器）组成，如图 1-10 所示。

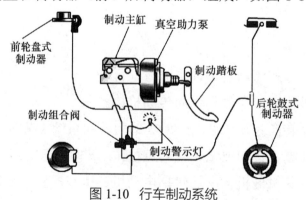

图 1-10　行车制动系统

较为完善的制动系统还具有制动力调节装置、报警装置、压力保护装置等附加装置。

三、汽车底盘控制技术发展状况

随着电子技术的不断发展，越来越多的电子控制技术被应用于汽车上。许多新的底盘控制技术设备在汽车的安全性、动力性、操作稳定性等方面发挥了重要的作用。例如，全电路制动系统（BBW，Brake-by-Wire）、汽车转向控制系统（RWS、ESPⅡ等）、汽车悬架控制系统（ADC、ARC 等）及现在发展起来的汽车底盘线控技术（线控换挡系统、制动系统、悬架系统、增压系统、油门系统和转向系统等），再加上汽车 CAN 总线的应用、42V电压技术的研究、电动汽车的研究，它们正带动汽车底盘控制技术向更高层次发展。如今汽车底盘控制技术正向电子化、信息化、网络化、集成化方向发展。

1．汽车底盘的电子化技术

全电路制动系统（BBW）是一种全新的制动模式，它的系统结构如图 1-11 所示，BBW是一种新型的智能化制动系统，它采用嵌入式总线技术，可以与防抱死制动系统（ABS）、牵引力控制系统（TCS）、电子稳定性控制程序（ESP）、主动防撞系统（ACC）等汽车主动安全系统更加方便地协同工作，通过优化微处理器中的控制算法，可以精确地调整制动系统的工作过程，提高车辆的制动效果，加强汽车的制动安全性能。BBW 以电能作为能量来源，通过电动机或电磁铁驱动制动器。因此，BBW 的结构简单，更趋向于模块化，安装和维修更简单方便。

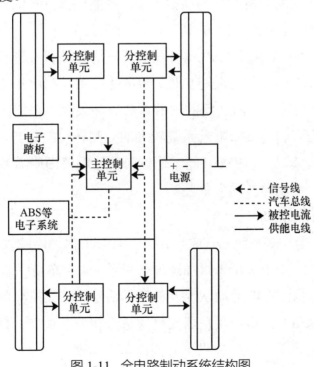

图 1-11　全电路制动系统结构图

2.汽车转向控制系统

（1）后轮转向系统（RWS）。RWS能主动让汽车两后轮的横拉杆相对车身做侧向运动，使两后轮产生一转向角。RWS是由电子控制单元、传感器和执行机构等组成的，如图1-12所示。

图1-12 后轮转向系统

当汽车低速行驶时，转向盘的执行机构给后轮一个相应方向相反的转向角，从而使汽车在低速拐弯或停车时，转弯半径变小，使汽车转向和停车更方便、快速、舒适。当汽车高速行驶时，转向盘的执行机构给后轮一个与前轮转向角方向一致的转向角。汽车的前后轮同时向同一方向转向，可提高汽车的方向稳定性，特别是汽车在高速行驶换道时，汽车会大大减少不必要的横摆运动。当汽车在泥泞的路面制动时，同系统相配合，可及时通过主动后轮转向角来平衡制动力所产生的横摆力矩，既能保持汽车的方向稳定性，又能最大限度地利用前轮的制动力，改进汽车的制动性能。

（2）ESPⅡ（ESP plus）。由于ESP系统在对轿车的行驶状态进行干涉时，只是通过对单个车轮施加制动来调节轿车的行驶稳定性，乘员能够感觉到由脉冲制动力引起的轿车震动。ESPⅡ能够识别转向轮与地面之间的附着系数。如果汽车在路面两侧附着系数不同的对开路面上制动时，它有朝着路面附着系数较大的一侧转动的趋势，即出现所谓的"制动器拉动"现象，在这种情况下，ESPⅡ能够通过转向轮朝路面附着系数较小的一侧做适当的转向转动，以平衡"制动器拉动"的趋势。

3.汽车悬架控制系统

（1）主动悬架阻尼器控制系统（ADC）。ADC（有时也称为连续性阻尼控制系统，CDC）由电子控制单元、CAN、4个车轮垂直加速度传感器、4个车身垂直加速度传感器和4个阻尼器比例阀组成。根据汽车的运动状况及传感器信号，电子控制单元计算出每个车轮悬架阻尼器的最优阻尼系数，然后对阻尼器比例阀进行相应的调节，自动调整车高、抑制车辆的变化等，使汽车的悬架系统能提供更好的汽车舒适性、安全性和稳定性。

（2）主动横向稳定器（ARC）。当汽车进行弯道行驶时，离心力会对汽车车身产生一

个侧倾力矩。这个侧倾力矩一方面会引起车身侧倾，另一方面会使车轮的载质量发生由内轮向外轮的转移。主动横向稳定杆则可以根据具体情况对每个横向稳定杆施加一个可连续变化的初始侧倾角或者初始侧倾力矩。主动横向稳定器，如图 1-13 所示。

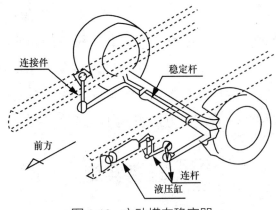

图 1-13 主动横向稳定器

（3）汽车底盘的线控技术。线控就是用电子信号的传送取代过去由机械、液压或气动的系统连接的部分，如换挡连杆、油门拉线、转向器传动机构、制动油路等。它不仅是取代连接，而且包括了操纵机构和操纵方式的变化，以及执行机构的电气化。这将改变汽车的传统结构。

目前汽车底盘的线控技术包括线控换挡系统、制动系统（如电液制动系统 EHB、电子机械制动系统 EMB）、悬架系统、增压系统、油门系统和转向系统等。线控技术具有的优点：无须使用液压制动或其他任何液压装置，使汽车更为环保；减小了正面碰撞时的潜在危险性，并为汽车设计提供了更多空间；线控的灵活性使汽车设计、工程制造和生产过程中的成本大大降低，且降低了维护要求和车身重量。

4．汽车底盘集成化技术

（1）ABS/ASR/ESP 的集成化。ABS/ASR 装置成功地解决了汽车在制动和驱动时的方向稳定性问题，但不能解决汽车转向行驶时的方向稳定性问题。在汽车行驶过程中，ABS/ASR/ESP 集成控制系统通过决策逻辑表来判断集成系统中哪一部分发挥作用。当 ESP 开关打开时，汽车 ABS/ASR/ESP 集成控制系统判断汽车的工况，若需要 ESP 动作，则 ESP 通过 ASR 装置牵制发动机的动力输出，同时指挥 ABS 对各个车轮进行有目的的刹车，产生反横摆力矩，将车辆带回到人们希望其行驶的道路上来。

（2）ABS/ASR/ACC 的集成化。在 ABS/ASR 电子控制装置硬件的基础上，增加接收车距传感器信号的电子电路、ACC 常闭式和常开式进油电磁阀电子驱动电路。

（3）汽车底盘全方位控制系统。汽车传动控制系统、电子悬架系统、电子转向系统、制动系统等集成融合在一起成为综合的汽车底盘电子控制系统。各控制功能集中在一个 ECU 中，通过 CAN 总线实现信息共享、资源综合利用。

5．汽车底盘的网络化技术

目前汽车底盘的网络化中应用比较成熟的有 CAN 总线，它是由博世提出的 CAN 标准（CAN/B 为 B 级 CAN，CAN/C 为 C 级 CAN），最早在欧洲汽车上被广泛采用，后来包括美国、日本汽车行业也使用它作为 B 级或 C 级汽车网络。TTP/C 和 Flex Ray 是以线控系统为主要应用目标的 C 级网络协议，它们的相关支撑元器件和应用系统开发测试工具等仍处于研究阶段。目前人们正在进一步探索无线局域网络在汽车底盘控制上的应用。蓝牙技术作为一种新的短距离无线通信技术标准，在汽车底盘控制系统的应用中有着巨大的市场潜力，其相对低廉的成本和简便的使用方法得到了汽车业界的一致认同。

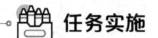 **任务实施**

认识汽车底盘四大系统

汽车底盘的作用是支撑和安装汽车发动机及其各部件、总成，形成汽车的整体造型，并接受发动机的动力，使汽车产生运动，保证正常行驶。汽车底盘由传动系统、行驶系统、转向系统和制动系统四部分组成。

 传动系统的构造

全轮驱动传动系统主要由离合器、变速器、前万向传动装置、后万向传动装置、分动器等零部件组成，如图 1-14 所示。

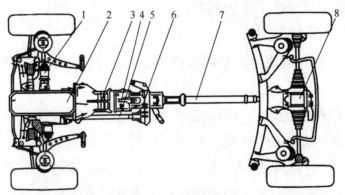

1—前驱动桥；2—发动机；3—离合器和变速器；4—传动装置；
5—前万向传动装置；6—分动器；7—后万向传动装置；8—后驱动桥

图 1-14　全轮驱动传动系统

机械传动系统一般由离合器、变速器、万向节、主减速器、差速器和半轴等零部件组成，如图 1-15 所示。

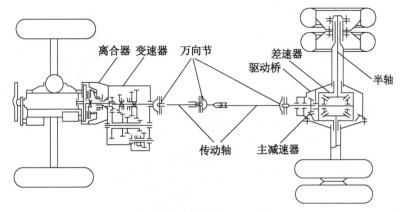

图 1-15 机械传动系统

二、行驶系统的构造

行驶系统是将汽车各部件总成连接成一个整体的机械系统，行驶系统由车架、驱动桥、悬架、车轮等组成，如图 1-16 所示。

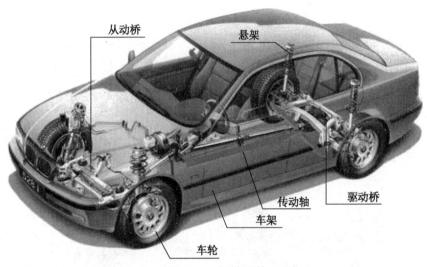

图 1-16 行驶系统

三、转向系统的构造

动力转向系统是兼用驾驶员体力和发动机动力作为动力源的转向系统，它是在机械转向系统的基础上增加一套动力装置而构成的，主要由转向油泵、转向油罐、转向器、转向拉杆等零部件组成。

机械转向系统是以驾驶员的体力作为转向动力源的，一般由操纵机构、转向器、转向传动机构三部分组成，如图 1-17 所示。

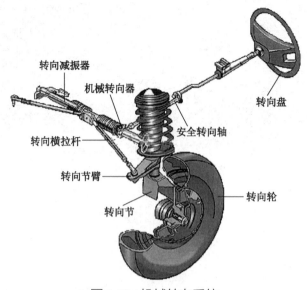

图 1-17　机械转向系统

四、制动系统的构造

为了保证汽车安全行驶，提高汽车的平均行驶车速，提高运输生产率，在各种汽车上都设有专用制动机构，这样的一系列专门装置被称为制动系统。

制动系统的主要功用是使行驶中的汽车减速甚至停车，使下坡行驶的汽车速度保持稳定，使已停驶的汽车保持不动。

制动系统主要由供能装置、控制装置、传动装置和制动器 4 部分组成，具体零部件如图 1-18 所示。

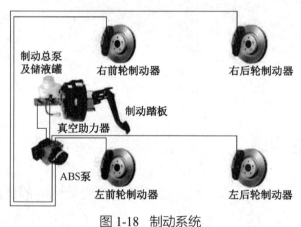

图 1-18　制动系统

素养与思政

本任务要求分组训练，各小组对所学的理论知识进行巩固学习，在学习过程中必须团结一致、相互合作学习，掌握理论知识后观看大国重器及国产轿车的生产过程等视频，要求全程实现 7S 管理。

拓展知识

底盘调校

许多人往往会把底盘的概念模糊化，认为底盘就是指车身底部能见到的地方。其实，汽车底盘囊括了转向系统、传统系统、行驶系统及制动系统，每个系统都有自己的分支，这就好比一所大学拥有不同的院系，而各大院系又可分为不同的专业。

底盘调校是针对汽车内部系统的全面调校，包括针对制动系统、传动系统、转向系统和行驶系统的调校。底盘调校是一项非常复杂的系统工程，它夹杂着大量的感性元素，如车型的定位、发动机工况、不同的路面、不同的轮胎，电池的重量、使用的环境、目标客户的使用习惯等。

制动系统的调校：包括对汽车的刹车方式、刹车的制动性能更改调整。

传动系统的调校：包括针对汽车的变速箱、离合器、传动轴和驱动桥的性能更改调整。

转向系统的调校：包括针对汽车的转向器、转向节、转向节臂、横拉杆、直拉杆等转向配件性能调整。

行驶系统的调校：包括针对汽车的悬挂、车架、车轮等行驶组件的性能调整。

底盘调校可以分为开发初期、开发中期和开发后期三个阶段。

1. 开发初期——搭平台

车企在研发一台车的初期会基于数据资源进行统计分析，判断出各底盘零件的大致参数，然后确立整车的开发目标。通俗来讲，如果想要造一台能上山的三厢轿车，那么可以寻找对标车型，并且进行一系列的平台测试，其中包含 K&C 悬架实验等，以得到底盘调校的初始参数，如图 1-19 所示。得到数据后，底盘设计工程师会把这些数据具体落实到与底盘相关的各个零部件上，然后各司其职选取符合设计要求的零部件，并且进行初次调校，调校对象包括行驶系统、转向系统和制动系统，而传动系统的具体设计参数与前者不同，所以不参与其中。

2. 开发中期——修边角

通过初次调校后，可以得知与目标参数的偏差情况，届时继续进行相关的室内测试或路试，并伴随多次调校以满足初期的目标。

底盘工程师可以对各子系统（也就是行驶系统、转向系统、制动系统）所包含的可调零部件进行调校，比如需要对减震器进行调整，可以通过不同的阀体结构来满足调校需求，另外也可调整悬架弹簧、稳定杆、副车架、后桥、转向机等，如图 1-20 所示。而涉及的轮胎和制动问题一般交由供应商来完成。

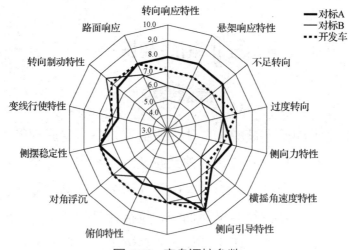

图 1-19 底盘调校参数

图 1-20 底盘调校零部件

3．开发后期——准成型

经过几轮调校后，车辆底盘已基本满足开发初期的要求，不过还需经过主观评估，这时底盘工程师会对车辆的实际行驶情况进行分析，看是否贴近用户的需求，如果有待完善则需要继续调整，直到符合量产的条件为止。最后底盘工程师会将生产图纸传至工厂，并把调校好的汽车送入市场销售。

底盘调校是一个非常复杂的系统工程，底盘调校与底盘行驶性能密切相关，底盘行驶性能取决于底盘各装置的协调性，换句话说，底盘调校就是对轮胎、制动、悬架、转向系统的综合调整，从而使其达到预期设定的性能目标。

项目二

传动系统

📖 项目描述

赵先生从柳州开车去桂林出差，当汽车行驶 100km 后，发现车内有一股焦臭刺鼻的气味，打电话问 4S 店的汽车维修技师，技师回答赵先生说：可能是离合器处于半离合状态，建议赵先生把离合器彻底放开，一段时间后焦臭刺鼻的气味消失。为什么会出现这样的状况呢？本项目就学习离合器的相关知识。

任务 1 离合器构造与拆装检修

💡 **知识目标**

1. 掌握离合器的功用。
2. 掌握常见离合器的结构、工作原理。

🏋 **能力目标**

1. 能就车拆装和调整离合器。
2. 能利用工具对离合器进行检修。

✒ **思政目标**

1. 通过离合器标准拆装流程，培养学生精益求精的工匠精神。
2. 通过学生小组合作学习，培养学生爱岗敬业、团结互助的价值观。

🚌 任务引入

　　离合器位于发动机和变速箱之间的飞轮壳内，用螺钉将离合器总成固定在飞轮的后平面上，离合器的输出轴就是变速箱的输入轴。在汽车行驶过程中，可根据驾驶员的需求切断或传递发动机向变速器输入的动力。本任务介绍离合器的构造、工作原理及检修方法等知识。

🔬 相关知识

一 离合器构造

1. 离合器的组成

　　离合器由主动部分、从动部分、压紧机构、操纵机构组成，如图 2-1 所示。

　　主动部分由飞轮、离合器压盘（见图 2-2）、离合器盖等部件组成。离合器盖与飞轮由螺栓连接，压盘与离合器盖之间通过 3～5 个传动片传递转矩。

　　从动部分包括从动盘（见图 2-3）、从动轴。从动盘由从动盘本体、摩擦片、从动盘毂及扭转减震器组成。

压紧机构主要由螺旋弹簧或膜片弹簧组成，它将压盘和离合器片紧紧地压在飞轮上。

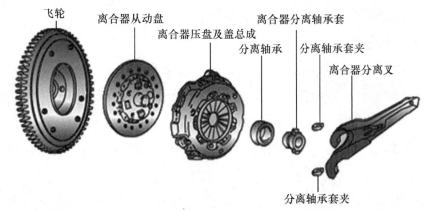

图 2-1　离合器

图 2-2　离合器压盘

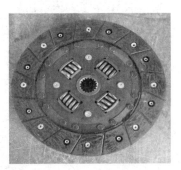

图 2-3　从动盘

操纵机构主要由离合器踏板、分离拉杆、分离叉、分离套筒、分离轴承、分离杠杆、助力机构、回位弹簧等机件组成，如图 2-4 和图 2-5 所示。

图 2-4　分离轴承、回位弹簧与分离叉

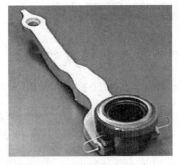

图 2-5　分离轴承与分离叉

2．离合器的功用

（1）保证动力的传递，必要时可以切断动力传递。

（2）保证汽车平稳起步。暂时切断和实现对传动系统的动力传递，以保证汽车起步时将发动机与传动系统逐渐平顺地结合，确保汽车平稳起步。

（3）保证换挡时工作平稳。在换挡时将发动机与传动系统分离，减少变速器中换挡齿轮之间的冲击。

（4）防止传动系统过载。在工作中传动系统受到大的动载荷时，能限制其系统所受的最大转矩，防止传动系统各零件因过载而损坏。

3．离合器的类型

（1）离合器根据摩擦片数可分为单片离合器和双片离合器。

① 单片离合器特点：结构简单，分离彻底，尺寸紧凑，从动部分惯量小，散热性好，调整方便。

② 双片离合器特点：传递转矩的能力较强，接合较平顺，但分离不够彻底，中间压盘散热不良。

（2）离合器根据压紧弹簧的类型可分为周布弹簧式离合器、中央弹簧式离合器、斜置弹簧式离合器、膜片弹簧式离合器。

现代汽车常用的离合器形式有膜片弹簧离合器和周布弹簧离合器（见图2-6）。

图2-6 周布弹簧离合器

二、膜片弹簧离合器

1．膜片弹簧离合器的构造

膜片弹簧离合器由主动部分、从动部分、压紧机构、操纵机构组成，其具体结构如图2-7所示。

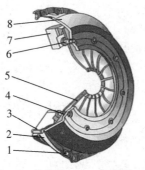

1、3—平头铆钉；2—传动片；4—支撑圈；5—膜片弹簧；
6—支撑固定铆钉；7—离合器压盘；8—离合器盖

图2-7 膜片弹簧离合器

膜片弹簧由优质弹簧钢板制成，带有锥度，形状为碟形。其上开有若干个径向切槽，外端为圆孔，每两个切槽之间的钢板形成一个弹性杠杆，它既是压紧弹簧又是分离杠杆。膜片弹簧两侧有钢丝支撑圈，通过固定铆钉将其安装在离合器盖上。

2．膜片弹簧离合器的优点

（1）传递的转矩大且较稳定。

（2）结构简单且紧凑。

（3）高速时平衡性好。

（4）散热通风性能好。

（5）摩擦片的使用寿命长。

3．膜片弹簧离合器的缺点

（1）制造难度大。

（2）分离指刚度低，分离效率低。

（3）分离指根易出现应力集中。

（4）分离指指尖易磨损。

4．从动盘

（1）组成：从动盘主要由从动盘本体、摩擦片和从动盘毂等组成，如图 2-8 所示。

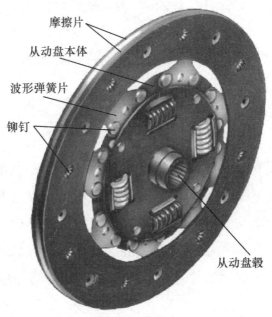

图 2-8　从动盘

（2）按结构形式分类。

① 整体式弹性从动盘。从动盘本体是完整的钢片，并开有 T 形槽，摩擦片直接铆接在从动盘本体上。

② 分开式弹性从动盘。从动盘本体上铆接波形弹簧片，摩擦片铆接在波形弹簧片上。

③ 组合式弹性从动盘。靠近压盘的一面铆有波形弹簧片，靠近飞轮的一面没有。

5. 扭转减震器

（1）组成：减震器盘、减震器弹簧、阻尼盘等，如图 2-9 所示。

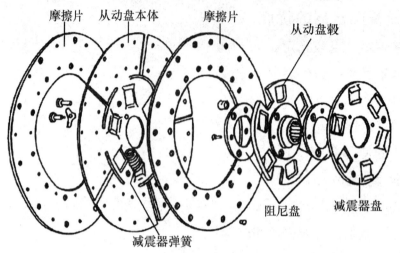

图 2-9　带扭转减震器的从动盘

（2）作用：减弱震动，避免共振。各部分具体作用如下。

① 减震器盘：消耗震动能量，衰减震动。

② 减震器弹簧：减小扭转刚度，缓和冲击，使离合器工作平稳，从而使离合器各元件的自震频率下降，避免产生高频震动。

③ 阻尼盘：通过从动盘鼓与减震器盘、从动片三者之间的相对往复摆动，消耗扭转震动的能量，从而使扭转震动迅速衰减。

6. 带扭转减震器从动盘的工作原理

动力传递顺序是：从动盘本体→减震器弹簧→从动盘毂。

离合器接合时，发动机发出的转矩经飞轮和压盘传给了从动盘两侧的摩擦片，带动从动盘本体和与从动盘本体铆接在一起的减震器盘转动。从动盘本体和减震器盘又通过 6 个减震器弹簧把转矩传给从动盘毂。因为有弹性环节的作用，所以传动系统受的转动冲击可以在此得到缓和。传动系统中的扭转震动会使从动盘毂相对从动盘本体和减震器盘来回转动，夹在它们之间的阻尼片靠摩擦消耗扭转震动的能量，将扭转震动衰减下来，如图 2-10 所示。

7. 离合器的通风散热

离合器从分离到接合的过程中，摩擦片与飞轮和压盘之间要发生摩擦，产生大量热量。这些热量需要及时散出，以避免摩擦片因温度过高而损坏，所以在离合器盖上都设有窗口，有的还制有导风片，以加强其内部的通风散热。

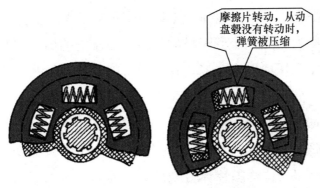

（a）不工作时　　　　　　（b）工作时

图 2-10　从动盘工作原理图

三、周布弹簧离合器

1. 周布弹簧离合器的结构

周布弹簧离合器的结构如图 2-11 所示。

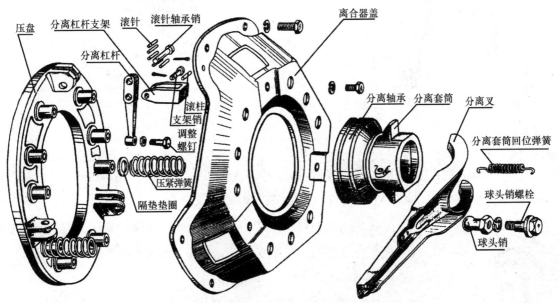

图 2-11　周布弹簧离合器的结构

2. 周布弹簧离合器的工作原理

周布弹簧离合器的工作原理和膜片弹簧离合器的工作原理是一样的，在这里重点讲解膜片弹簧离合器的工作原理。在介绍离合器工作过程之前，首先解释以下两个名词的含义。

（1）自由间隙：离合器在正常接合状态下，分离轴承与分离杠杆或膜片之间的间隙，以及主缸活塞与活塞推杆之间的间隙，一般为几毫米。如果没有自由间隙，离合器会打滑。

（2）分离间隙：离合器分离后，从动盘前后端面与飞轮及压盘表面间的间隙。

膜片弹簧离合器工作原理：离合器压盘、离合器盖、膜片弹簧、支撑圈、支撑固定铆

钉、传动片等在通常情况下是一个整体，在膜片弹簧的两侧有支撑圈用支撑铆钉夹持在离合器盖上，这两个支撑为膜片弹簧变形时的支点。在压盘的周边，有多个对称的分离弹簧钩把膜片弹簧的外边缘和压盘钩在一起，膜片弹簧的外缘就压在压盘的环形台上。压盘没有固定在飞轮上之前，离合器与飞轮端面之间有一定的距离，此时膜片弹簧变形很少。离合器安装前的位置图如图 2-12 所示。

当离合器盖安装螺栓紧固后，如图 2-13 所示，从动盘和压盘迫使膜片弹簧以右侧支承圈为支点发生弹性变形，这样膜片弹簧的反弹力使其外缘对压盘和从动盘产生压力，此时离合器处于接合状态。发动机的转矩经飞轮和压盘传给从动盘，再通过从动盘中的花键鼓带动输入轴转动。

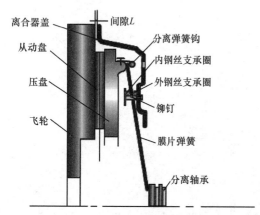

图 2-12 离合器安装前的位置图

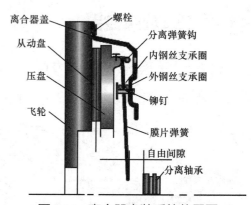

图 2-13 离合器安装后的位置图

💡 **注意**

安装后膜片弹簧与分离轴承有间隙。

工作时，分离轴承推动膜片弹簧内缘前移，膜片弹簧以左侧支承圈为支点，其外缘通过分离钩将压盘向后拉动，使离合器分离，即从动盘离开飞轮，分离轴承空转，动力被切断，输出轴不输出动力。离合器工作图如图 2-14 所示。

图 2-14 离合器工作图

当需要传递动力时，缓慢抬起离合器踏板，离合器分离轴承后移，在膜片弹簧反弹力的作用下，压盘向前移动并逐渐压紧从动盘，发动机的转矩又经过飞轮和压盘传给从动盘，从动盘中的花键鼓带动输入轴转动，发动机与离合器又处于接合状态。动力通过从动盘中的花键鼓带动输入轴转动。

四、离合器操纵机构

离合器的操纵机构按照分离离合器所需的操纵能源分为人力式和助力式两大类。

（1）人力式又分为机械式和液压式。

（2）助力式又分为气压助力式和弹簧助力式。

离合器操纵部分就是用来控制离合器分离与接合工作的，常见的有机械式、液压式、气压助力式3种。

1．机械式操纵机构

离合器踏板和分离轴承之间通过绳索相连和机械杆件，如图2-15所示。

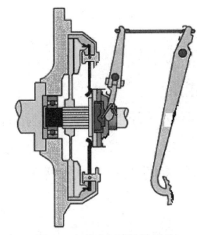

图 2-15　机械式操纵机构

（1）绳索传动装置：主要应用于发动机后置，离合器远离驾驶室的情况。其特点是造价低，布置方便。但绳索寿命短，拉伸刚度小，仅适用于轻、微型车，中小型客车。

（2）杆系传动装置：由于各传动件是用杆件铰接的，所以结构简单，工作可靠，被广泛采用。

2．液压式操纵机构

液压式操纵机构由离合器总泵、分泵、挠性软管、离合器踏板及其他一些附属零件组成，如图2-16所示。

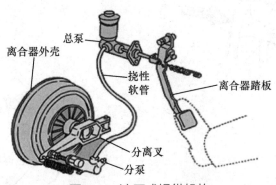

图 2-16　液压式操纵机构

离合器踏板和分离轴承之间通过主缸、工作缸及液压管路相连，离合器依靠人力产生的液压力控制。

优点：靠液体压力传递踏板力，摩擦阻力小，重量轻，布置方便；液体有缓冲作用，即使"急放"踏板，离合器也能接合柔和，舒适性好。

该操纵机构在轿车上应用较多。

3．气压助力式操纵机构

气压助力式操纵机构由空气压缩机、储气罐、控制阀、助力气缸组成。

由于气压助力式操纵机构复杂、质量大，所以较少采用，主要应用在一些重型车上。

五、离合器的调整

1．离合器自由行程的测量

（1）离合器踏板自由行程。从踩下离合器踏板到消除自由间隙所对应的踏板行程是自由行程。

图 2-17 为检测离合器自由行程的方法，一般轿车离合器踏板的自由行程为 15～25mm。

离合器踏板的自由行程过大或没有，会使离合器分离不彻底或产生打滑等现象。

（2）离合器踏板工作行程。消除自由间隙后，继续踩下离合器踏板，此过程所对应的踏板行程是工作行程。

（3）离合器踏板高度的调整。一般轿车离合器踏板的高度为 170～190mm。其调整方法为拧松锁紧螺母，转动踏板高度调整螺栓，使踏板高度达到规定值，然后锁死锁紧螺母即可，如图 2-18 所示。

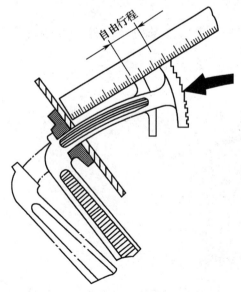

图 2-17　测量离合器自由行程

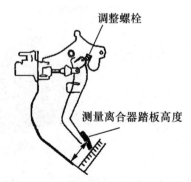

图 2-18　调整离合器踏板高度

💡 **注意**

离合器调整应以分离彻底、接合完全、符合驾驶员习惯为原则进行调整。

2．调整离合器自由行程

拉索式离合器操纵机构的调整主要是调整离合器分离摇臂上调整螺钉的长度。

液压助力式离合器则主要调整分离叉推杆总成。

调整方法为：拧松锁紧螺母，转动调整螺栓（在离合器分泵处）直至离合器自由行程符合规定值为止，然后紧固锁止螺母即可，如图 2-19 所示。调整的幅度主要以驾驶员的习惯为主。

图 2-19　调整离合器自由行程

3．离合器液压系统中空气的排放

离合器液压系统在经过检修之后，管路内可能进入空气；在添加制动液时也可能使液压系统中进入空气。空气的进入使液压系统有一定压缩性（空气被压缩），缩短了主缸推杆行程即踏板工作行程，从而使离合器分离不彻底。因此，液压系统检修后或怀疑液压系统进入空气时，就要排除液压系统中的空气。

离合器液压系统中空气的排除方法如下。

（1）将主缸储液罐中的制动液加至规定高度稍高一些，以便排完气后，制动液还在规定的范围内，然后升起汽车。

（2）在工作缸（离合器分泵）的放气阀上安装一软管，其另一端接到一个干净的容器内。

（3）排空气需要两个人配合工作，一人踏离合器踏板数次（一般为 5～10 次），如图 2-20 所示。当感到有明显阻力时踏住不动，另一人拧松放气阀直至制动液开始流出，然后再拧紧放气阀。如此反复直到排出的制动液中无气泡为止。

（4）排气完毕后，拧紧放气螺塞，取下软管。

（5）空气排除干净之后，需要再次检查及调整踏板自由行程。

图 2-20　踏离合器踏板

六、离合器的检修

1. 从动盘的检查

（1）目测检查。看从动盘摩擦片是否有裂纹、铆钉外露、减震器弹簧断裂、花键毂磨损严重等情况，如图 2-21 所示，如果有则更换从动盘。从动盘应无油污，如有轻微硬化、烧蚀现象，可用细砂布轻轻打磨。

图 2-21　目测检查离合器

（2）用百分表检查从动盘的端面圆跳动。在距从动盘外边缘 2.5mm 处测量，如图 2-22 所示。规定离合器从动盘最大端面圆跳动为 0.4mm。

（3）检查从动盘摩擦片的磨损程度。摩擦片的磨损程度可用游标卡尺进行测量，如图 2-23 所示。规定铆钉头埋入深度应不小于 0.2mm。

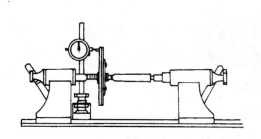

图 2-22　用百分表检查从动盘的端面圆跳动

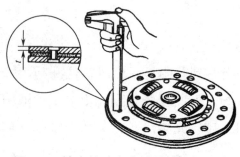

图 2-23　检查从动盘摩擦片的磨损程度

2．压盘的检查

（1）目测检查压盘表面，应无翘曲、破裂、过度磨损、烧伤等表面缺陷。

（2）用刀口尺及塞尺检查离合器压盘平面度，如图 2-24 所示。其平面度不应超过 0.2mm。

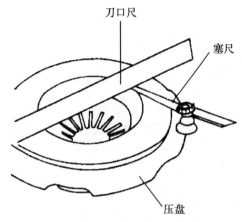

图 2-24　检查离合器压盘平面度

（3）用手钳或者锤子检查压盘的隔膜簧铆钉是否有松动的迹象。

3．膜片弹簧的检查

（1）用游标卡尺测量膜片弹簧与分离轴承接触部位磨损的深度和宽度，如图 2-25 所示，深度应小于 0.6mm，宽度应小于 5mm。

（2）用专业工具盖住弹簧分离指内端（小端），然后用塞尺测量弹簧内端与专用工具之间的间隙，如图 2-26 所示。弹簧内端应在同一平面内，间隙不应超过 0.5mm。否则就要用维修工具将变形过大的弹簧分离指撬起以进行调整。

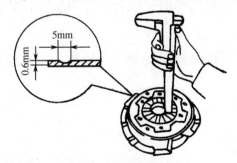

图 2-25　检查膜片弹簧的磨损情况（1）

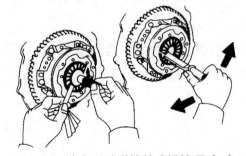

图 2-26　检查膜片弹簧的磨损情况（2）

4．分离轴承的检查

用手固定分离轴承内圈，转动外圈，同时在轴向施加压力，如图 2-27 所示，如有阻滞或有明显间隙感时，应更换分离轴承。

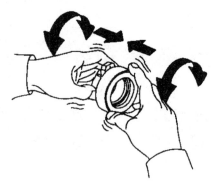

图 2-27　检查分离轴承

5．飞轮的检查

（1）用百分表检测飞轮端面圆跳动：将百分表附在发动机机体上，百分表表针抵在飞轮的最外圈，转动飞轮，测量飞轮的端面圆跳动，如图 2-28 所示，其值应小于 0.1mm。

（2）手动检查飞轮上的轴承：用手转动轴承，转动应灵活无卡滞现象，在轴向加力，应无明显间隙感，如图 2-29 所示。

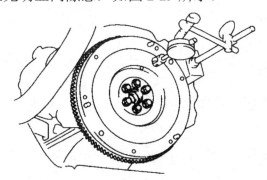

图 2-28　用百分表检测飞轮端面圆跳动

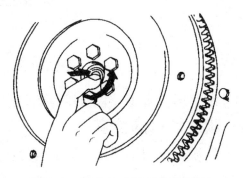

图 2-29　手动检查飞轮上的轴承

6．离合器操纵机构的检查

（1）液压式离合器操纵机构，应检查离合器总泵、油管、分泵有无漏油现象，踩下离合器踏板时，离合器分泵应推动良好，否则需检查离合器总泵、油管、分泵情况。如有漏油等现象应更换。

（2）检查分离拨叉、推杆、回位弹簧等操纵机构有无磨损、变形等现象，如有应修复或更换。

任务实施

本任务要求分组训练，各小组必须按照规范的操作方式精确快速地进行安装、检修，力求做到精益求精，弘扬大国工匠精神，各小组在实训过程中必须团结一致、相互合作学习，在操作过程中注意安全，要求全程实现 7S 管理。

LZ1010 车型离合器的就车拆装如下。

一、LZ1010 车型离合器的就车拆卸

（1）准备常用工具及专用工具。

（2）在车轮前后放好三角木，如图 2-30 所示。

（3）拆下电瓶负极（注意：中高档车型请慎重拆卸），如图 2-31 所示。

图 2-30　放三角木　　　　　　　　　　　图 2-31　拆下电瓶负极

（4）分别拆卸起动机电源线、离合器拉线、松开拉索支架紧固螺母，拆卸变速器选挡杆和换挡杆，如图 2-32 至图 2-34 所示。

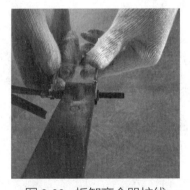

图 2-32　拆卸起动机电源线　　　图 2-33　拆卸离合器拉线　　　图 2-34　拆卸换挡杆

（5）拆下曲轴位置传感器、搭铁线、里程表线、倒挡开关线等连接线，如图 2-35 和图 2-36 所示。

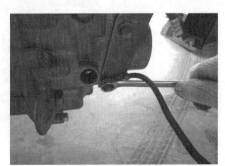

图 2-35　拆下曲轴位置传感器　　　　　　　图 2-36　拆下搭铁线

（6）拆卸传动轴与变速器输出轴之间的连接螺栓，拆卸传动轴，如图 2-37 所示。

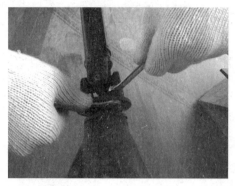

图 2-37 拆卸传动轴

💡 **注意**

在拆传动轴时应做好记号，以便装配。注意保护好与油封配合的花键轴套表面。

（7）拆卸起动机紧固螺栓、飞轮壳与变速器固定螺栓、挡泥板螺栓，如图 2-38 和图 2-39 所示。

图 2-38 拆卸起动机紧固螺栓

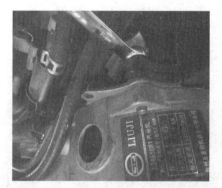

图 2-39 拆卸飞轮壳与变速器固定螺栓

（8）用千斤顶顶住变速器（有一些车型还要垫好发动机），如图 2-40 所示。

图 2-40 用千斤顶顶住变速器

（9）拆卸变速器延伸箱支架处的固定螺栓，如图 2-41 所示。

（10）确认所有紧固连接件被拆卸后，将变速器延伸箱输出轴用专用密封件堵住，以防止齿轮油泄漏，从汽车上将变速器拆卸下来，如图 2-42 所示。

图 2-41　拆卸变速器延伸箱支架处的固定螺栓

图 2-42　拆卸变速器总成及其他零件

（11）从飞轮上拆下离合器固定螺栓，卸下摩擦片和离合器压板，如图 2-43 和图 2-44 所示。

图 2-43　卸下摩擦片

图 2-44　卸下离合器压板

（12）清洁各零部件并摆放整齐，如图 2-45 所示。

图 2-45　摆放好的零部件

三、LZ1010 车型离合器的就车装配

（1）用棉布擦干净飞轮、压盘总成、离合器片上的油污，并用细砂纸轻轻打磨从动盘烧蚀部分，如图 2-46 所示。

（2）将从动盘装在发动机飞轮上，如图 2-47 所示。

图 2-46　用细砂纸打磨从动盘　　　　　　　　图 2-47　安装从动盘

💡 **注意**

从动盘上减震弹簧突出的面朝外（长鼓朝后）。

（3）用变速器输入轴（或定心棒）将从动盘、压盘总成固定在飞轮上，先用 T 型扳手或套筒扳手预紧螺栓（见图 2-48），然后用扭力扳手分 2 次拧紧螺栓，力矩为 25N·m 或规定力矩。

图 2-48　用套筒扳手预紧螺栓

（4）在分离轴承及输入轴头部抹少许黄油（见图 2-49），装上变速器，并用千斤顶顶住变速器（见图 2-50）。

图 2-49　抹黄油　　　　　　　　图 2-50　用千斤顶顶住变速器

安装前先检查分离轴承及拨叉位置是否到位，装配变速器时应能很轻松地装入，如果安装较困难，可挂挡后，套上输出轴花键套，并转动花键套，不能用螺栓强行压入，以免损坏变速器。

（5）拧紧变速器连接处的紧固螺栓，力矩为 35N·m 或规定力矩，如图 2-51 所示。

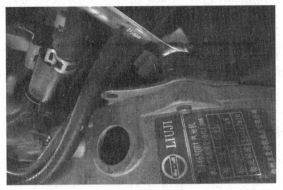

图 2-51 拧紧变速器连接处的紧固螺栓

（6）装起动机，拧紧起动机紧固螺栓，力矩为 38～42N·m，如图 2-52 所示。

（7）拧紧变速器固定支架紧固螺栓及附件螺栓，支架紧固螺栓力矩为 35N·m 或规定力矩，如图 2-53 所示。

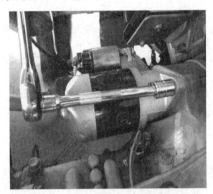

图 2-52 拧紧起动机紧固螺栓

图 2-53 拧紧连接处螺栓

（8）安装传动轴、离合器拉索、选挡杆、换挡杆。装传动轴时应注意安装标记。

（9）调整离合器的行程。离合器的自由行程调整应符合原厂规定（参考值 150mm）。

🔅 **素养与思政**

本任务要求分组训练，各小组必须按照规范的操作方式精确快速地进行安装、检修，力求将离合器的安装工作、离合器零部件的精度检测工作做到精益求精，弘扬大国工匠精神和科学、创新精神，各小组在实训过程中必须团结一致、相互合作学习，操作过程中注意安全，要求全程实现 7S 管理。

离合器的常见故障原因及排除方法

离合器常见的故障有离合器打滑、离合器分离不彻底、离合器发抖、离合器异响等。

1. 离合器打滑

（1）现象。汽车用低速挡起步时，放松离合器踏板后，汽车不能灵敏起步或起步困难；汽车加速行驶时，车速不能随发动机转速的提高而提高，感到行驶无力，严重时产生焦臭味或出现冒烟等现象。

（2）原因及排除方法。

① 离合器踏板自由行程调整不当，使分离轴承压在分离杠杆上。调整离合器踏板自由行程。

② 检查离合器操纵机构各部件是否有变形、卡滞而不能回位的情况，应予以修整排除。

③ 从动盘摩擦片工作面磨损严重，铆钉外露、烧蚀、表面硬化或不平、有油污，使摩擦系数下降，应更换从动盘，如有油污可用汽油清洗并烘干，查明漏油原因，排除故障。

④ 压盘总成或飞轮表面磨损严重，压紧弹簧弹力下降、折断或磨损使压紧力下降，应更换。

⑤ 离合器操纵杆卡滞，分离轴承套筒与导管间油污、尘腻严重，甚至造成卡滞，使分离轴承不能回位，应清洁、检查、更换损坏部件并加入少量的黄油。

2. 分离不彻底

（1）现象。发动机怠速运转时，踩下离合器踏板，挂挡有齿轮撞击声，且难以挂入；如果勉强挂上挡，则在离合器踏板尚未完全放松时，发动机熄火。

（2）原因及排除方法。

① 离合器液压操纵机构漏油、有空气或油量不足。检查维修并排除液压系统里的空气。

② 离合器踏板自由行程过大。调整踏板的自由行程。

③ 从动盘钢片翘曲、摩擦片破裂或铆钉松动。更换相关损坏零部件。

④ 新换的摩擦片太厚或从动盘正反装错。应更换或重新装配。

⑤ 压盘总成上的压紧弹簧压力不够、高度不一致或端面磨损严重。更换压盘总成。

3．离合器发抖

（1）现象。在踩、放离合器踏板时，车身有明显的抖动现象。

（2）原因及排除方法。

① 从动盘翘曲变形、有油污、表面不平整、硬化、铆钉头露出、铆钉松动、减震弹簧损坏。应维修更换。

② 飞轮工作端面的端面圆跳动严重。应更换。

③ 压盘总成的压紧弹簧的弹力不均、高度不等、个别折断或工作表面磨损严重。应更换。

4．离合器异响

（1）现象。离合器分离或接合时发出不正常的响声。

（2）原因及排除方法。

① 离合器踏板自由行程调整不当使分离轴承摩擦异响。应调整离合器踏板自由行程。

② 分离轴承缺少润滑剂，造成干磨或轴承损坏。检查或更换分离轴承。

③ 从动盘花键孔与其花键轴配合松旷，从动盘减震弹簧疲劳或折断，从动盘摩擦片铆钉松动或铆钉头外露。应更换从动盘。

④ 飞轮后轴承磨损、缺油，应检查更换或加注润滑脂。

 技能训练

要求：

1．在五菱货车上就车拆装、调整离合器；

2．检查离合器各部位；

3．就车安装好并调整至合格范围内；

4．按照规定文明拆装，注意安全，收工后注意环境卫生。

 变速器构造与拆装检修

 知识目标

1．了解变速器的类型。

2．掌握变速器的拆装步骤和注意事项。

3．重点掌握变速器的工作原理。

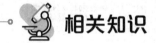

任务引入

汽车变速器是一套用于协调发动机的转速和车轮的实际行驶速度的变速装置，以发挥发动机的最佳性能。变速器可以在汽车行驶过程中，在发动机和车轮之间产生不同的速度比，通过换挡可以使发动机工作在其最佳的动力性能状态下。本任务主要介绍变速器的结构及工作原理、变速器的拆装及检修方法等知识。

相关知识

一、变速器的构造

发动机的转速是很高的，它输出的扭矩变化范围却很小，这样车辆就很难适应路况及行驶等方面的要求。为了使汽车适应各种行驶条件，在汽车上安装变速器，这样就可以改变传动比，达到变速的目的。

1．变速器的作用

（1）改变传动比，从而改变传递给驱动轮的转矩和转速，以满足发动机不同的工况。

（2）倒车行驶，用来满足汽车倒退行驶的需要。

（3）空挡，利用空挡中断动力的传递。

2．变速器的类型

（1）变速器按传动比的变化方式分为有级式、无级式和综合式 3 种。

① 有级式：采用齿轮传动，具有若干个定值传动比，如图 2-54 所示。

② 无级式：传动比可在一定的范围内连续变化，如图 2-55 所示，常见有电力式、液力式和机械式。

图 2-54　有级式变速器

图 2-55　无级式变速器

③ 综合式：传动比可在最大值和最小值之间的几个间断范围内做无级变化，由有级式变速器和无级式变速器共同组成。

（2）按换挡操纵方式的不同，变速器可分为手动操纵式、自动操纵式和手动自动一体操纵式 3 种。

① 手动操纵式：由驾驶员直接操作变速杆换挡，如图 2-56 所示。

② 自动操纵式：主要是根据发动机的负荷信号和车速信号来控制执行元件，实现自动变挡目的，如图 2-57 所示。

图 2-56　手动操纵式变速器

图 2-57　自动操纵式变速器

③ 手动自动一体操纵式（见图 2-58）：在自动模式下提供的手动选择，是通过电控系统模拟出手动变速器操作的自动变速器。

图 2-58　手动自动一体操纵式变速器

3．变速器的组成

变速器由变速传动机构和变速操纵机构两大部分组成。

变速传动机构是变速器的主体，按工作轴的数量（不包括倒挡轴）可分为两轴式变速器和三轴式变速器。

三轴五挡变速器有 5 个前进挡和 1 个倒挡，由各挡齿轮、输入轴（一轴）、输出轴（二轴）、中间齿轮轴（中间轴）、同步器、变速器壳体、轴承、操纵机构等零部件组成，其传动机构如图 2-59 所示。

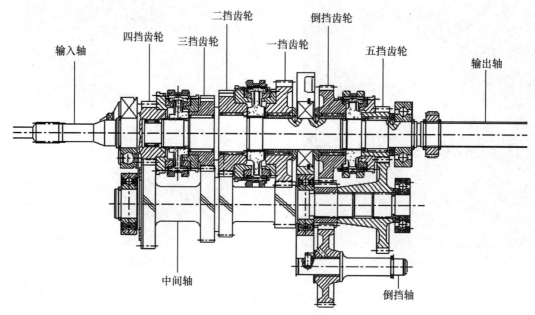

图 2-59　三轴五挡变速器传动机构图

二、变速传动机构的工作原理

1．三轴五挡变速器的工作原理

输入轴和常啮合齿轮被加工成一个整体，中间轴上有 6 个齿轮，作为一个整体转动，最前面的齿轮与输入轴常啮合齿轮相啮合，称为中间轴常啮合齿轮，从离合器输入的动力经过这对常啮合齿轮传到中间轴各挡齿轮上，然后再向中间轴三挡、二挡、一挡、倒挡和五挡传递。

在输出轴上，通过花键装有 3 个同步器，通过滚针轴承安装有输出轴各挡齿轮。在三/四挡同步器和一/二挡同步器之间装有三挡和二挡齿轮，在一/二挡同步器和五/倒挡同步器之间装有一挡和倒挡齿轮，它们分别与中间轴上各相应挡的齿轮相啮合。同步器上有同步机构，通过同步器齿套的前后移动就可以将相邻的齿轮连起来，将齿轮上的动力传给输出轴。输出轴的前端与输入轴相连。

当输入轴有动力输入时，输入轴的常啮合齿轮通过中间轴常啮合齿轮带动中间轴转动，中间轴上各挡齿轮又带动输出轴上相应各挡齿轮转动；空挡时，输出轴上各挡齿轮都在空转，输出轴不输出动力，变速器处于空挡状态；当挂上某一挡后，动力就会通过输入轴的常啮合齿轮传到中间轴，然后经过中间轴和输出轴的啮合齿轮、同步器传回到输出轴，这时变速器处于该挡的工作状态；当同步器直接与输入轴上的常啮合齿轮结合时，输入轴的动力直接传到输出轴上，这时变速器的传动效率最高，此挡称为直接挡。

为了使车辆实现倒车行驶，在变速器中增加了一根倒挡轴及空转齿轮（惰轮），当五/倒挡同步器处于中间位置时，倒挡空转齿轮不与其他齿轮啮合，无动力传递。用拨叉将五/倒挡同步器向左移动使之与倒挡从动齿轮接合，中间轴上的动力就会经倒挡主动齿轮、倒挡空转齿轮（惰轮）、从动齿轮及同步器传到输出轴上，倒挡齿轮起到了改变方向的作用。

2．三轴五挡变速器动力传递路线

（1）一挡的动力传递路线。

输入轴→常啮合齿轮→中间轴→中间轴上的一挡齿轮→输出轴一挡齿轮→一/二挡同步器→输出轴，如图 2-60 所示。

（2）二挡的动力传递路线。

输入轴→常啮合齿轮→中间轴→中间轴上的二挡齿轮→输出轴二挡齿轮→一/二挡同步器→输出轴，如图 2-61 所示。

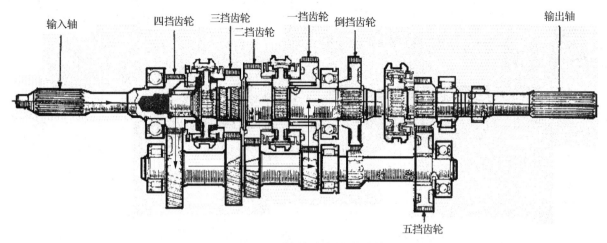

图 2-60　一挡的动力传递路线

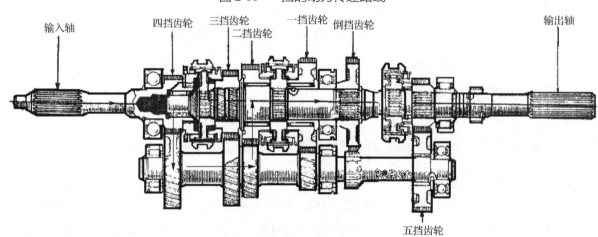

图 2-61　二挡的动力传递路线

（3）三挡的动力传递路线。

输入轴→常啮合齿轮→中间轴→中间轴上的三挡齿轮→输出轴三挡齿轮→三/四挡同步器→输出轴，如图 2-62 所示。

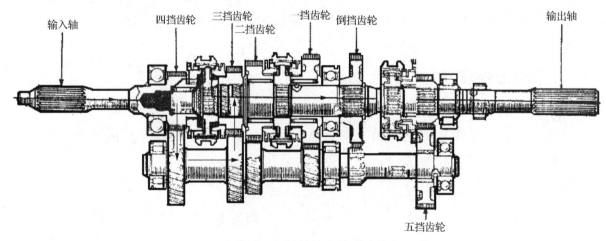

图 2-62　三挡的动力传递路线

（4）四挡的动力传递路线。

输入轴→三/四挡同步器→输出轴，如图2-63所示。

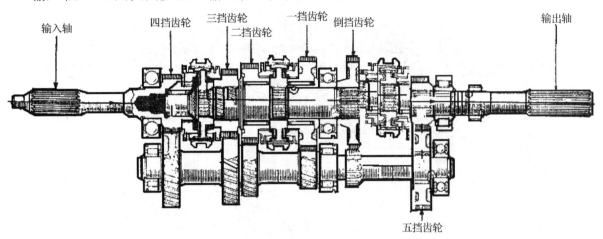

图2-63　四挡的动力传递路线

此挡为直接挡，即发动机的转速和输出轴输出的转速是一样的。

（5）五挡的动力传递路线。

输入轴→常啮合齿轮→中间轴→中间轴上的五挡齿轮→输出轴五挡齿轮→倒/五挡同步器→输出轴，如图2-64所示。

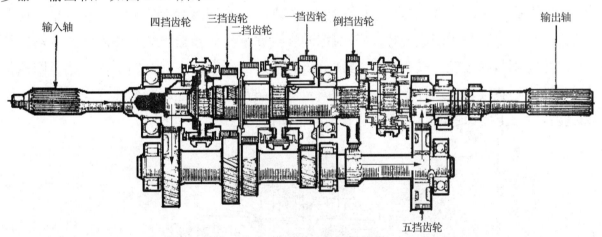

图2-64　五挡的动力传递路线

微型车的五挡为超速挡，即变速器输出轴输出的转速要比发动机的转速高。

（6）倒挡的动力传递路线。

输入轴→常啮合齿轮→中间轴→倒挡常啮合齿轮→惰轮→输出轴倒挡齿轮→倒/五挡同步器→输出轴，如图2-65所示。

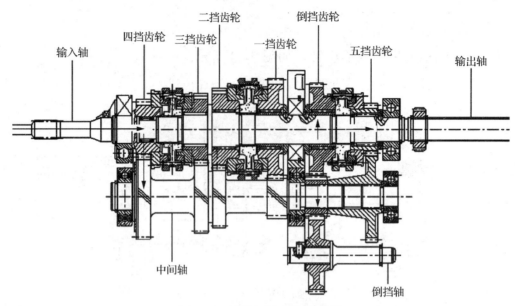

图 2-65　倒挡的动力传递路线

3．两轴五挡变速器

两轴变速器的输入轴和输出轴是平行布置的，输入轴也是离合器的从动轴，输出轴也是主减速器的主动锥齿轮轴，如图 2-66 所示。两轴五挡变速器具有 5 个前进挡和 1 个倒挡，全部采用锁环式惯性同步器换挡。输入轴上有一至五挡主动齿轮，其中一/二挡主动齿轮与轴制成一体，三挡、四挡、五挡主动齿轮通过滚针轴承空套在轴上。输入轴上还有倒挡主动齿轮，它与轴制成一体。三/四挡同步器和五挡同步器也装在输入轴上。输出轴上有一至五挡从动齿轮，其中一/二挡从动齿轮通过滚针轴承空套在轴上，三挡、四挡、五挡齿轮通过花键套装在轴上。一/二挡同步器也装在输出轴上。在变速器壳体的右端还装有倒挡轴，上面通过滚针轴承套装有倒挡中间齿轮。

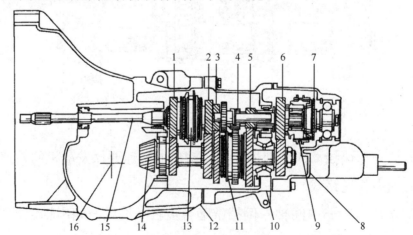

1—四挡齿轮；2—三挡齿轮；3—二挡齿轮；4—倒挡齿轮；5—一挡齿轮；6—五挡齿轮；
7—五挡运行齿环；8—换挡机构壳体；9—五挡同步器；10—齿轮箱体；11—一/二挡同步器；
12—变速器壳体；13—三/四挡同步器；14—输出轴；15—输入轴；16—主减差速器

图 2-66　两轴五挡变速器结构图

4．两轴五挡变速器动力传递路线

（1）一挡的动力传递路线。

输入轴→输入轴一挡齿轮→输出轴一挡齿轮→一/二挡同步器→输出轴→主减差速器→驱动轮，部分路线如图 2-67 所示。

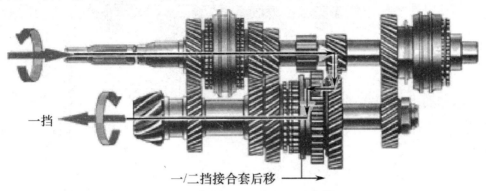

一挡

一/二挡接合套后移

图 2-67　一挡的部分动力传递路线图

（2）二挡的动力传递路线。

输入轴→输入轴二挡齿轮→输出轴二挡齿轮→一/二挡同步器→输出轴→主减差速器→驱动轮。

（3）三挡的动力传递路线。

输入轴→三挡同步器→输入轴三挡齿轮→输出轴三挡齿轮→输出轴→主减差速器→驱动轮，部分路线如图 2-68 所示。

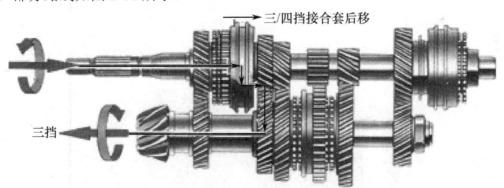

三/四挡接合套后移

三挡

图 2-68　三挡的部分动力传递路线图

（4）四挡的动力传递路线。

输入轴→输入轴四挡齿轮→输出轴四挡齿轮→主减差速器→驱动轮。

（5）五挡的动力传递路线。

输入轴→倒/五挡同步器→输入轴五挡齿轮→输出轴五挡齿轮→输出轴→主减差速器→驱动轮，部分跳线如图 2-69 所示。

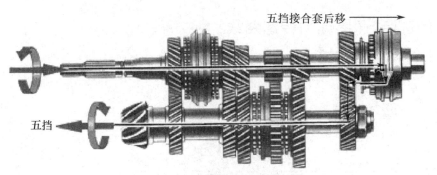

图 2-69　五挡的动力传递路线图

（6）倒挡的动力传递路线。

输入轴→倒挡齿轮→惰轮→输出轴倒挡齿轮→输出轴→主减差速器→驱动轮，如图 2-70 所示。

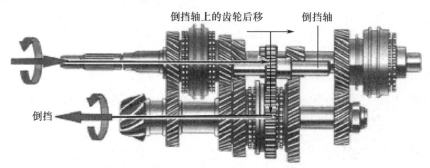

图 2-70　倒挡的动力传递路线图

5. 同步器

（1）同步器由锁环、花键毂、接合套等组成，如图 2-71 所示。花键毂与二轴花键连接。

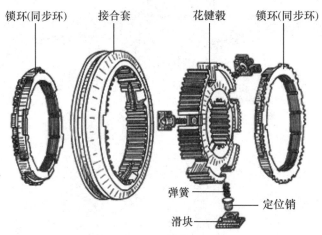

图 2-71　同步器

作用：使接合套与待啮合的齿圈迅速同步，防止齿间冲击。

同步器分为常压式、惯性式、自行增力式等。目前常用的是惯性式同步器，它包括锁环式同步器和锁销式同步器。

（2）工作原理。由于变速器输入轴与输出轴以各自的速度旋转，变换挡位时存在"同步"问题。两个轴旋转速度不一样，齿轮强行啮合必然会发生冲击碰撞，损坏齿轮。因此，旧式变速器的换挡要采用"两脚离合"的方式，升挡时在空挡位置停留片刻，减挡时要在空挡位置加油门，以减少齿轮的转速差。但这个操作比较复杂，难以掌握精确。因此设计师创造出了同步器，通过同步器使将要啮合的齿轮达到一致的转速而顺利啮合。

目前同步式变速器上全部采用惯性同步器，它主要由齿套（接合套）、齿环（同步锁环）、滑块等组成，它的特点是依靠摩擦作用实现同步。接合套、同步锁环和待接合齿轮的齿圈上均有倒角（锁止角），同步锁环的内锥面与待接合齿圈外锥面接触产生摩擦。锁止角与锥面在设计时已做了适当选择，锥面摩擦使得待啮合的齿套与齿圈迅速同步，同时又会产生一种锁止作用，防止齿轮在同步前进行啮合。当同步锁环内锥面与待接合齿圈外锥面接触后，在摩擦力矩的作用下齿轮转速迅速降低（或升高）到与同步锁环转速相等，两者同步旋转，齿轮相对于同步锁环的转速为零，因而惯性力矩也同时消失，这时在作用力的推动下，接合套不受阻碍地与同步锁环齿圈接合，并进一步与待接合齿轮的齿圈接合而完成换挡，如图2-72所示。

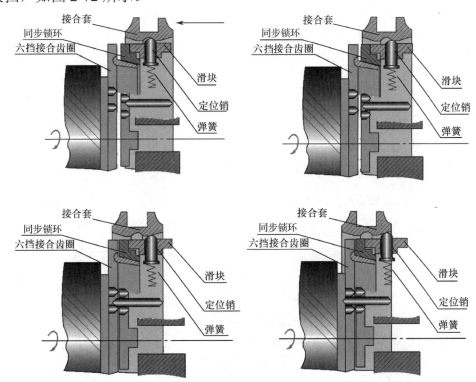

图2-72　同步器工作原理

6．变速器操纵机构

变速器操纵机构的作用是保证驾驶员可以根据需要，将变速器换入某个挡位。为了使变速器可靠地工作，操纵机构应满足以下要求。

第一，设有自锁装置，防止变速器自动换挡和脱挡。

第二，设有互锁装置，保证变速器不会同时换入两个挡。

第三，设有倒挡锁，防止误换倒挡。

变速器操纵机构分直接操纵和远程操纵两种。

（1）直接操纵机构。选挡换挡机构由变速杆、拨块、拨叉轴和拨叉等组成，如图 2-73 所示。它能够完成换挡的基本动作。

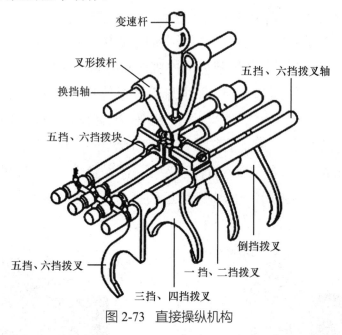

图 2-73　直接操纵机构

（2）远程操纵机构。当变速器在汽车上的布置离驾驶员座位较远时，需要在变速杆与拨叉轴之间加装一套传动机构或辅助杠杆，以实现对变速器的远距离操纵。此时，操纵机构由外部操纵机构和内部操纵机构两部分构成。

① 外部操纵机构包含从变速杆到选挡换挡轴之间的所有传动件，如图 2-74 所示。它实现了对变速器的远距离操纵。

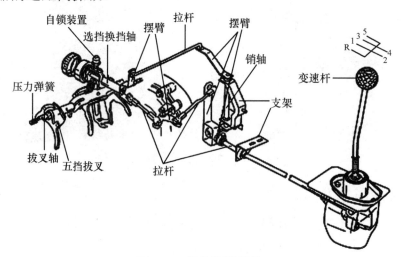

图 2-74　外部操纵机构

② 内部操纵机构由选挡换挡轴、拨叉轴、拨叉、自锁装置、互锁装置等组成，如图 2-75 所示。

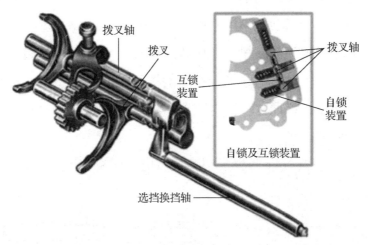

图 2-75　内部操纵机构

（3）锁止机构。其主要作用是保证变速器在任何情况下都能准确、安全、可靠地工作。

① 自锁装置。自锁装置的功用是保证滑移齿轮或接合套齿圈工作时处于全齿宽啮合，不工作时彻底脱开，在工作中不产生自动挂挡或脱挡现象。

如图 2-76 所示，多数变速器的自锁装置由自锁钢球 1 和自锁弹簧 2 组成。一般每根拨叉轴端部表面都有沿轴向分布的 3 个能与自锁钢球嵌合的凹槽。当任何一根拨叉轴连同拨叉被轴向移动到空挡或某一工作挡位置时，必有一个凹槽正好对准自锁钢球，此时在自锁弹簧的作用下，该钢球被嵌入该凹槽内，拨叉轴连同拨叉的轴向位置也被固定，从而使该拨叉带动下的滑移齿轮（或接合套）被固定在空挡或某一工作挡位置，而不会因震动等原因自行脱挡。当需要挂挡或换挡时，驾驶员必须通过变速杆对拨叉轴施加轴向力直至克服自锁弹簧的压力，将自锁钢球从凹槽中挤出，这时拨叉轴连同拨叉才能被轴向移动到所需位置。由此可见，拨叉轴上相邻凹槽之间的距离等于保证全齿宽啮合或完全退出啮合所需的拨叉轴应该移动的距离。

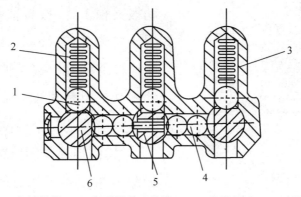

1—自锁钢球；2—自锁弹簧；3—变速器盖（前端）；4—自锁钢球；5—自锁销；6—拨叉轴

图 2-76　变速器的自锁和互锁装置工作示意图

② 互锁装置。互锁装置的功用是防止变速杆同时拨动两根拨叉轴及拨叉,即防止同时挂上两个挡位,造成齿轮传动间的干涉而导致变速器无法工作甚至严重损坏。

如图 2-77(a)所示,互锁装置由钢球 4 和互锁销 3 组成。每根拨叉轴相对于自锁凹槽的侧表面均有一个深度相等的凹槽,当任意一根拨叉轴处于空挡位置时,该凹槽正好对准互锁钢球。两个钢球直径之和正好等于相邻两拨叉轴间距加上一个凹槽的深度。中间的拨叉轴上两个侧面凹槽以孔贯通,该孔内放置一根可左右移动的互锁销,其长度为拨叉轴直径减去一个凹槽的深度。

如图 2-77(b)所示,当变速器处于空挡位置时,所有拨叉轴的侧向凹槽与互锁钢球、互锁销位于同一直线上。

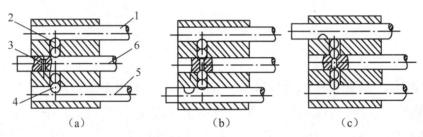

(a)　　　　　　　(b)　　　　　　　(c)

1、5、6—拨叉轴;2、4—钢球;3—互锁销

图 2-77　互锁装置工作示意图

当移动中间拨叉轴时 [见图 2-77(a)],拨叉轴 6 两侧的内钢球从其侧面凹槽中被挤出,而外钢球 2 和 4 分别嵌入拨叉轴 1 和 5 的侧面凹槽中,因而将拨叉轴 1 和 5 锁定在空挡位置。若要移动拨叉轴 5,应先将拨叉轴 6 退回到空挡位置 [见图 2-77(b)],于是在移动拨叉轴 5 时,钢球 4 便从拨叉轴 5 的凹槽中挤出,同时通过互锁销 3 和其他钢球将拨叉轴 5 和 1 锁定在各自的空挡位置。同理,当移动拨叉轴 1 时,拨叉轴 6 和 5 被锁定在空挡位置 [见图 2-77(c)]。由此可见,当驾驶员用变速杆移动某一拨叉轴挂挡时,互锁装置便自动将其他所有的拨叉轴锁定在空挡位置,从而保证只能挂上一个挡位。

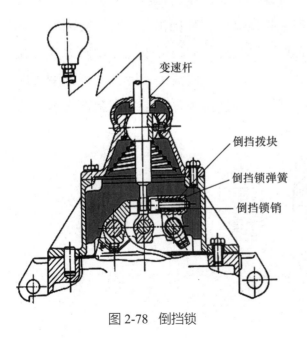

变速杆

倒挡拨块

倒挡锁弹簧

倒挡锁销

图 2-78　倒挡锁

③ 倒挡锁由倒挡锁销、倒挡锁弹簧组成,如图 2-78 所示,起防止误挂倒挡的作用。

一、三轴五挡变速器的拆卸

（1）拆卸放油螺塞并放油，用专用容器存放放出的变速器齿轮油，卸下分离轴承，如图 2-79 所示；拆卸变速器前端盖螺栓，注意对角交叉拆卸，如图 2-80 所示。

图 2-79　拆卸放油螺塞

图 2-80　拆卸变速器前端盖螺栓

（2）用套筒扳手拆下换挡箱紧固螺栓，注意拆螺栓时应对角交叉拆卸。取出换挡箱总成，如果粘得较紧可用一字螺丝刀轻轻撬开，如图 2-81 所示。

图 2-81　拆下换挡箱紧固螺栓

（3）拆卸延伸箱螺栓，取出延伸箱总成，如图 2-82 所示。注意拆螺栓时应对角交替拆卸（见图 2-83），如果粘得较紧可用一字螺丝刀轻轻撬开。

（4）取出倒挡齿轮、倒挡轴等零部件件，如图 2-84 所示。注意其安装方向和位置。

（5）用套筒扳手按图 2-85 所示的顺序将变速器上盖的螺栓拆下。

（6）取出输入、输出轴组件，如图 2-86 所示。

图 2-82 拆卸延伸箱螺栓

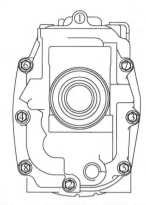

图 2-83 延伸箱螺栓拆卸顺序

图 2-84 取出倒挡齿轮、倒挡轴

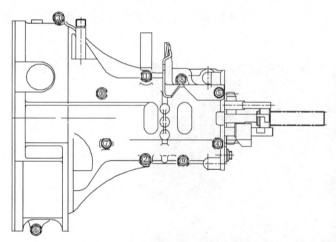

图 2-85 变速器上盖螺栓的拆卸顺序

图 2-86 取出输入、输出轴组件

（7）用卡簧钳拆下定位卡圈，如图 2-87 所示。

（8）用轴承拉马将轴承取出，如图 2-88 所示。

图 2-87 拆下定位卡圈

图 2-88 取出轴承

（9）拆卸输入轴、三/四挡同步器总成和同步器齿环，如图 2-89 所示。

图 2-89 拆卸输入轴、三/四挡同步器总成

（10）从输出轴端依次取出各五挡齿轮、五/倒挡同步器、倒挡齿轮、齿环、滚针轴承、垫片。用拉马拉出中间轴承，依次取出一/二挡齿轮、一/二挡同步器、齿环、轴承等部件，并按顺序摆放，如图 2-90 所示。拆卸时注意同步器的安装方向。

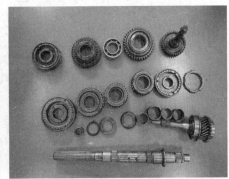

图 2-90 按顺序摆放

三 变速器的安装

（1）清洁所有的零部件，并用压缩空气将其吹干。准备好洁净的齿轮油。在变速器的安装过程中，凡是有相对转动的部位都要加齿轮油。

（2）安装滚针轴承、二挡齿轮、一/二挡同步器、一挡齿轮，用压床或专用工具压装中间轴承；安装倒挡齿轮、五/倒挡同步器、五挡齿轮、垫片；压装后轴承、安装速度计蜗杆、卡簧。

注意各齿轮与轴承之间的间隙应在 0.1～0.3mm，如图 2-91 所示。

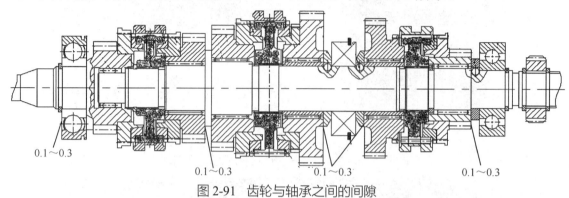

图 2-91 齿轮与轴承之间的间隙

（3）安装滚针轴承、三挡齿轮、齿环、三/四挡同步器、卡环，卡环要用专用工具安装，如图 2-92 所示。

图 2-92 安装滚针轴承、三挡齿轮、齿环和卡环

（4）安装输入轴内滚针轴承，将输入轴和输出轴连接起来，装入变速器下箱体中，如图 2-93 所示。

图 2-93 安装轴内滚针轴承和输入与输出轴总成

（5）安装变速器上盖。将拨叉轴放在空挡的位置，箱体对准定位销孔后垂直安装。按图 2-94 所示顺序拧紧上盖螺栓。注意螺栓的长度要适当。螺栓拧紧力矩为 18～26N·m。

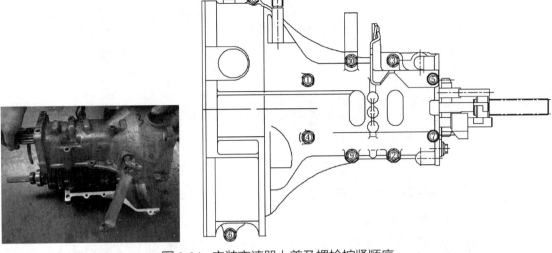

图 2-94　安装变速器上盖及螺栓拧紧顺序

（6）安装倒挡齿轮、倒挡轴等零部件，如图 2-95 所示。注意倒挡轴上定位销的安装方向和位置。

图 2-95　安装倒挡齿轮总成

（7）安装延伸箱总成。安装时应将其垂直放置，注意后轴承，按图 2-96 所示顺序拧紧延伸箱螺栓。注意螺栓的长度。螺栓拧紧力矩为 18～26N·m。

 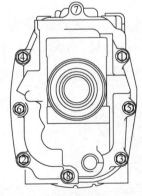

图 2-96　安装延伸箱总成及螺栓拧紧顺序

（8）安装换挡箱总成。换挡拨叉应垂直朝下放置，拧紧换挡箱各螺栓，拧紧时应对角交叉交替拧紧，力矩为 18～26N·m，如图 2-97 所示。

图 2-97 安装换挡箱总成

（9）安装变速器前端盖，拧紧螺栓后安装分离轴承，注意拧紧螺栓时要对角交叉交替拧紧，力矩为 18～26 N·m，如图 2-98 所示。

图 2-98 安装变速器前端盖及分离轴承

三、变速器各零部件的检查

变速器主要检查的零部件有：输入轴组件，中间轴组件，输出轴组件，齿轮和同步器齿环，同步器组件，拨叉、拨叉轴。

1. 检查输入轴组件

（1）目测检查输入轴齿轮表面有无轮齿折断、齿面点蚀、齿面严重磨损和齿面胶合等现象，若有上述任一种情况，则必须更换输入轴。

（2）目测检查输入轴花键有无严重磨损和损坏、断裂等现象，若有上述一种情况，则必须更换输入轴。

（3）用手转动轴承感觉是否灵活、是否有卡滞现象，如图 2-99 所示，若轴承转动不灵活或有卡滞现象，则必须更换轴承。

（4）用花键环规检查输入轴的花键是否变形。

（5）检查输入轴内孔轴承孔位有无磨损、烧伤。

（6）用千分尺测量轴颈，其轴颈尺寸应符合原厂要求。

图 2-99 用手转动轴承

2．检查中间轴组件

（1）目测检查中间轴齿轮有无轮齿折断、齿面点蚀、齿面严重磨损和齿面胶合等现象，若有上述任意一种情况，则必须更换中间轴。

（2）用手转动中间轴上的轴承，轴承应转动灵活，无卡滞现象，如图 2-100 所示。若轴承转动不灵活或有卡滞现象，则必须更换轴承。

图 2-100　用手转动中间轴上的轴承

3．检查输出轴组件

（1）用花键环规检查输出轴花键有无变形及严重磨损的情况，若有，则必须更换输出轴。

（2）目测检查输出轴，输出轴不应有裂纹，轴径及花键不应有严重磨损的情况，轴上的齿轮不应有轮齿折断和严重磨损的情况，否则应更换。

（3）用百分表检查轴的径向圆跳动，如图 2-101 所示，测量值不应超过 0.05mm，否则应更换或校正。

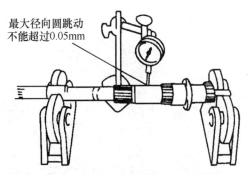

最大径向圆跳动
不能超过0.05mm

图 2-101　用百分表检查径向圆跳动

（4）用千分尺测量轴颈，其轴颈应符合原厂要求。

4．检查齿轮和同步器齿环

（1）将同步器齿环贴合在配对的齿轮锥面上，用塞尺检查齿轮结合齿和齿环端面的间隙（见图 2-102），其应在 0.8～1.2mm，极限间隙为 0.5mm。

（2）检查齿轮外锥面和齿环内锥面的磨损情况，若有异常磨损，则必须更换零件。

（3）在锥面上涂上红丹粉，转动同步器齿环，检查齿轮和齿环结合面的面积，如图 2-103 所示，结合面的面积应在 80%以上。

检查表面

图 2-102　用塞尺检查结合齿和齿环端面的间隙　　　　图 2-103　检查齿轮和齿环结合面的面积

5. 检查同步器组件

图 2-104　检查同步器组件

（1）检查同步器组件的滑动灵活性，若有卡滞现象应修复或更换。

（2）同步器滑块应无磨损现象，在滑槽内应活动自如；内卡环弹性良好，花键毂、锁环、接合套齿应无明显磨损和松旷现象。

（3）在不安装弹簧和滑块的情况下，齿毂依靠自身的重力应能自由垂直地通过齿套，如图 2-104 所示。

6. 拨叉、拨叉轴的检测

目测检查，拨叉应无严重磨损、变形现象，拨叉与接合套的间隙不大于 0.5mm。拨叉轴与轴孔的间隙不大于 0.3mm，拨叉轴的弯曲不大于 0.1mm。如果不正常则需校正或更换。拨叉、拨叉轴的检测如图 2-105 所示。

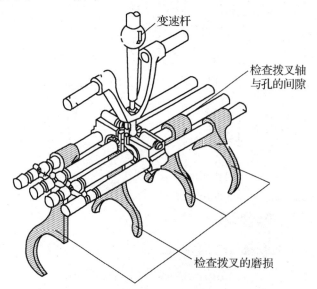

变速杆

检查拨叉轴与孔的间隙

检查拨叉的磨损

图 2-105　拨叉、拨叉轴的检测

7．密封件的检查

目测检查，各密封件应弹性良好，无损坏、老化等现象。

8．变速器壳体部位的检查

（1）壳体结合面无漏油现象，如有则应更换接合面的垫片或者加密封胶。

（2）变速器前后油封应无漏油现象，如有则应更换油封。

（3）变速器壳体无损坏、变形和裂纹，如有则应更换。

9．变速器操纵机构的检查

（1）操纵杆应无弯曲、变形现象，如有则应修复或更换。

（2）操纵杆球头应无磨损、松旷现象，如有则应修复或更换。

（3）挂挡拉线应活动自如，无破损、卡滞现象，如有则应维修或更换。

变速器操纵机构的检查，如图2-106所示。

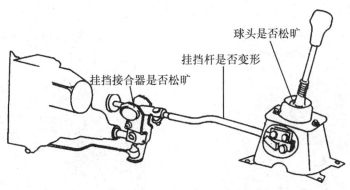

图2-106　变速器操纵机构的检查

四、 **两轴五挡变速器的拆卸**

1．两轴五挡变速器的拆卸

（1）拆卸放油螺塞并放油，用专用容器存放放出的变速器齿轮油，拆卸变速器后箱罩盖，如图2-107所示。

图2-107　拆卸后箱罩盖

（2）用錾子将紧固螺母錾开，如图 2-108 所示。用工具卡住齿轮，扭出螺母，如图 2-109 所示。

图 2-108　錾开紧固螺母

图 2-109　扭出螺母

（3）用卡簧钳拆卸五挡同步器卡环，如图 2-110 所示，用专用冲子拆卸五挡拨叉限位销，如图 2-111 所示。

图 2-110　拆卸同步器卡环

图 2-111　拆卸五挡拨叉限位销

（4）取下垫片、五挡齿轮、五挡同步器及拨叉，并按顺序摆放，如图 2-112 所示。

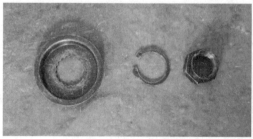

图 2-112　按顺序摆放零部件

（5）拆卸后箱体轴承挡板螺钉，如图 2-113 所示；取下轴承挡板，如图 2-114 所示。拆卸螺钉时注意对角交叉拆卸。

（6）拆卸变速器自锁螺钉，取出弹簧与自锁钢球，如图 2-115 所示；拆卸倒挡开关，拆卸换挡轴盖螺栓，如图 2-116 所示；取下换挡轴盖，如图 2-117 所示。

图 2-113 拆卸后箱体轴承挡板螺钉

图 2-114 轴承挡板

图 2-115 拆卸变速器自锁螺钉

图 2-116 拆换挡轴盖螺栓

图 2-117 换挡轴盖

（7）拆卸与换挡轴相连接的螺栓，如图 2-118 所示；拆卸换挡轴总成，如图 2-119 所示。

图 2-118 拆卸与换挡轴相连接的螺栓

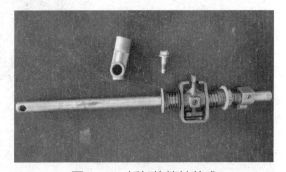

图 2-119 拆卸换挡轴总成

（8）拆卸后箱体，当后箱体与前箱体分离 5cm 左右时，用开口扳手拆卸倒挡换挡拨叉螺栓，如图 2-120 所示；取出后箱体，如图 2-121 所示。取出倒挡拨叉总成，如图 2-122 所示。

图 2-120 拆卸倒挡换挡拨叉螺栓

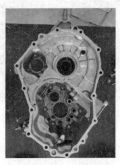

图 2-121 后箱体

图 2-122 倒挡拨叉总成

（9）拆卸倒挡齿轮及倒挡轴，如图 2-123 所示；拆卸输入轴、输出轴、拨叉及拨叉轴总成，如图 2-124 所示。注意输入轴总成、输出轴总成、拨叉及拨叉轴总成必须同时拿出，否则拆卸会很困难。

图 2-123　拆卸倒挡齿轮及倒挡轴　　　　图 2-124　拆卸输入轴、输出轴、拨叉及拨叉轴总成

（10）拆卸主减速器总成，如图 2-125 所示。

图 2-125　拆卸主减速器总成

💡 **注意**

拆卸时如果轴承太紧可用工具在两边同时用力向上撬。

（11）用专用工具或压床拆卸输出轴轴承，依次拆卸各挡齿轮，如图 2-126 所示。

图 2-126　输出轴组件

（12）用专用工具或压床拆卸输入轴轴承，依次拆卸各挡齿轮，如图 2-127 所示。

图 2-127 输入轴组件

（13）对角交叉拆卸主减速齿轮螺栓，用压床压出轴承，依次拆卸主减速齿轮，然后拆卸差速器的行星齿轮和半轴齿轮，如图 2-128 所示。

图 2-128 差速器组件

2．两轴变速器的检测与安装

（1）两轴变速器零部件的检测方法与三轴变速器零部件检测方法一样，这里就不再详细讲解。

（2）将拆卸下来的零部件清洗干净后用压缩空气吹干，然后按照拆卸相反的顺序安装。

素养与思政

本任务要求分组训练，各小组必须按照规范的操作方式精确快速地进行安装、检修，力求将变速器的拆装工作、变速器零部件的精度检测工作做到精益求精，弘扬大国工匠精神，通过变速器的故障诊断与维修，培养学生讲的诚信意识、遵纪守法的法律意识，各小组在实训过程中必须团结一致、相互合作学习，操作过程中注意安全，要求全程实现 7S 管理。

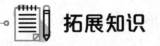 拓展知识

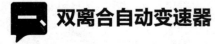 双离合自动变速器

DSG（Direct Shift Gearbox）的中文表面意思为"直接换挡变速器"，DSG 有别于一般

的半自动变速箱系统，它是基于手动变速箱而不是自动变速箱，因此它也是 AMT（机械式自动变速器）的一员。

直接换挡变速器也称为 S-Tronic 变速器或双离合自动变速器（Double-clutch Gearbox），如图 2-129 所示，它特殊的地方在于它比别的变速器换挡速度快，传递的扭矩更大而且效率更高。DSG 是目前世界上最先进的、具有革命性的变速器系统，大众汽车在 2002 年于德国沃尔夫斯堡首次向世界展示了这一技术创新。DSG 可以手动换挡也可以自动换挡，它比传统的自动变速器易于控制也能传递更多功率但又比手动变速器反应更快。

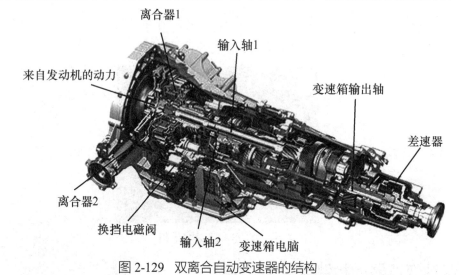

图 2-129　双离合自动变速器的结构

DSG 是从连续手动挡变速器（Sequential Manual Transmission，SMT）发展而来的，从本质上来说 SMT 是一款全自动电控离合的手动变速器。

SMT 拥有手动挡的操控、自动挡的便捷。虽然 SMT 也在少数轿车上应用，但它主要应用于赛车及法拉利等超级跑车上。配备 SMT 的车辆都没有离合器踏板，其离合器是自动离合的。大多数 SMT 都是可以自动和手动换挡，手动换挡由换挡杆或位于转向盘上的换挡拨片实现。SMT 的优点在于它采用固力连接而非传统自动、手自一体变速器所采用的液力连接（液力变矩）。当作为手动变速器时，SMT 使发动机和传动系统直接相连，从而保证动力百分之百传递到车轮上。SMT 以其更快的响应来保证在驾驶员松开油门踏板的瞬间发动机转速不会像自动变速器那样马上掉下来，从而实现更精确的动力控制。

SMT 还可以进行降挡转速匹配。当驾驶员降挡时 SMT 自动摘掉离合进入空挡，随后松开离合。其间 SMT 会根据当前的车速计算低挡时的发动机转速，将发动机调整到相应的转速。然后离合再次摘掉换入低挡后离合器咬合，降挡换挡成功。整个换挡过程平滑顺和，没有猛推和突然加速的现象。但 SMT 也像其他手动变速器一样有一个很大的缺点，即整个换挡过程中动力会中断。

DSG 就是没有中断的 SMT，也就是说它是基于手动而非自动的变速器，DSG 或

T-Tronic 消除了 SMT 固有的滞后缺点。DSG 实质上就是由两个离合器连接的两个三挡变速器，当车辆发动时 1 号变速器处于一挡而 2 号变速器处于二挡，离合器咬合 1 号变速器接入一挡启动车辆。当需要换挡时，DSG 运用离合交换变速器咬合 2 号变速器并松开 1 号变速器，这个过程中两个离合器的动作是同时进行的，没有动力中断的感觉。此时，2 号变速器工作而 1 号变速器则迅速进入三挡，如果还有换挡，则 1 号变速器工作而 2 号变速器马上进入四挡，两者交替换挡。DSG 用智能控制器来计算下一个可能要换入的挡位从而将空闲的变速器拨到相应的挡位，可根据驾驶员的驾驶习惯进行换挡。其优势在于换挡的速度：相比法拉利 Enzo 的 SMT 150ms 的加挡时间，DSG 可以在大约 8ms 的时间内完成加挡，这也意味着其比手动换挡更快。

DSG 采用传统的 P-R-N-D-S 挡位设置，可以自动切入 D 挡常规模式或者 S 挡运动模式。在常规模式下，DSG 会提前加挡以降低发动机噪声提高燃油经济性。而在运动模式下变速器在低速挡会停留较长时间以保证有足够的动力。这特别适用于有涡轮增压装置的车辆，如奥迪 A3、大众 GTI 及大众捷达 GLI，因为涡轮增压机都工作在较高的转速下，在运动模式下只要轻点油门就可以迅速减挡。

二、无级变速器

无级变速（Continuously Variable Transmission，CVT）技术采用传动带和工作直径可变的主、从动轮相配合来传递动力，可以实现传动比的连续改变，从而得到传动系统与发动机工况的最佳匹配。常见的无级变速器有液力机械式无级变速器和金属带式无级变速器（VDT-CVT）。CVT 自动变速箱的结构如图 2-130 所示。

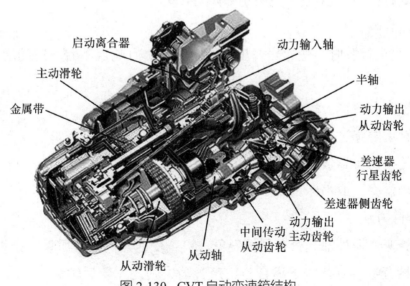

图 2-130　CVT 自动变速箱结构

CVT 与有级式的区别在于，它的变速比不是间断的点，而是一系列连续的值。CVT

结构比传统变速器简单，体积更小，它既没有手动变速器的众多齿轮副，也没有自动变速器复杂的行星齿轮组，它主要靠主、从动轮和金属带实现速比的无级变化。

其原理与普通的变速箱一样，都是由大小不一的几组齿轮在操控下有分有合形成不同的速比，像自行车的踏板经大小轮盘与链条带动车轮以不同的速度旋转。由于不同的力度对各组齿轮产生的推力大小不一，致使变速箱输出的转速也随之变化，从而实现不分挡的缓慢转动。

拓展训练

变速器常见故障诊断与排除

变速器常见故障有：变速器异响、变速器跳挡、变速器乱挡、变速器挂挡困难和变速器漏油。

1．变速器异响

变速器异响分空挡异响和挂挡后异响。

（1）空挡异响。

① 现象。发动机怠速运转，变速器处于空挡时有异响，踩下离合器踏板异响消失。

② 原因。

第一，发动机曲轴与变速器一轴不同轴，一、二轴弯曲变形。

第二，一轴轴承、二轴轴承、中间轴轴承磨损过度或缺油，轴承松旷、损坏，齿轮轴向间隙大。

第三，常啮合齿轮磨损过度、损伤或啮合不良。

（2）挂挡后异响。

① 现象。汽车行驶时，变速器发出不正常响声，且响声随着车速的增加而提高。

② 原因。

第一，各轴弯曲变形。

第二，各轴承磨损过度、松旷或缺油。

第三，齿轮损伤等导致啮合不良。

第四，同步器磨损或损坏。

③ 故障排除方法。

第一，检查变速器外部是否有裂损现象，检查变速器的油液质量或是否缺油。

第二，空挡有响声时，踩下离合器，声音消失则为飞轮后轴承、一/二轴、中间轴轴承或常啮齿轮的磨损和松旷等原因。

第三，挂上某一挡位响时，多为该挡的齿轮损坏或齿轮啮合不当。

第四，变速器工作突然有异响时，多为齿轮牙齿断裂，应立即拆卸变速器盖进行检查。

第五，换挡异响时，先检查离合器操纵机构是否有故障，离合器自由行程调整是否合理、分离是否正常，然后检查同步器、齿轮是否有故障现象。

2．变速器跳挡

（1）现象。汽车行驶时，变速杆自动从某挡跳回空挡。

（2）原因。

① 自锁装置的凹槽、钢球磨损严重或自锁弹簧疲劳折断。

② 同步器接合套松旷、磨损。

③ 操纵机构变形、松旷等，导致齿轮啮合不到位。

④ 轴、轴承磨损松旷，使啮合齿轮的轴线不平行或轴向窜动。

⑤ 相啮合的齿轮、齿套磨损严重，导致齿轮磨成锥形。

（3）故障排除方法。

① 检查变速器操纵挂挡杆是否变形，球节是否磨损，变速器吊胶是否损坏。

② 挂上某挡位跳挡时，拆下变速器盖，检查拨叉是否磨损，齿轮、同步器啮合是否松旷，一轴、二轴轴向间隙是否正常。

③ 拆下变速器挂挡轴，检查操纵机构的自锁装置是否有故障现象。

3．变速器乱挡

（1）现象。在离合器分离彻底的情况下，汽车在起步挂挡或行驶中换挡时，挂不上所需要的挡位，或挂挡后不能退回空挡，车辆静止时同时挂上两个挡位。

（2）原因。

① 变速杆下端、球头定位部分磨损过大。

② 互锁装置的凹槽、锁销、钢球磨损严重。

（3）故障排除方法。

① 检查变速杆下端、球头定位部分是否磨损。

② 检查操纵机构的互锁装置是否有故障。

4．变速器挂挡困难

（1）现象。不能顺利挂挡，或挂上挡后摘不下来。

（2）原因。

① 操纵机构调整不当或变形、弯曲等变速操纵机构故障。

② 离合器分离不彻底。

③ 同步器故障。

④ 拨叉轴弯曲变形、锁止弹簧过硬、钢球刮伤。

⑤ 自锁或互锁钢球损坏。

（3）故障排除方法。

① 检查离合器分离情况。

② 检查调整变速操纵机构。

③ 检查是否存在拨叉轴弯曲变形、锁止弹簧过硬、钢球刮伤等情况。

④ 检查同步器是否损坏。

5．变速器漏油

（1）现象。变速器的外表有渗漏油或油污。

（2）原因。

① 变速器前后油封漏油。

② 变速器接合部位漏油。

③ 变速器挂挡轴部位漏油。

④ 变速器壳体有裂纹、漏油。

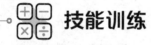 **技能训练**

要求：

1．三轴五挡变速器的拆装检修；

2．二轴五挡变速器的拆装检修；

3．按照规范的工艺要求拆装，注意安全，全程要求 7S 管理。

任务 3 万向传动装置的构造与拆装检修

知识目标

1．掌握万向传动装置的构造。

2．掌握万向传动装置的工作原理。

能力目标

1．能对万向传动装置进行拆装与调整。

2. 能用目测的方法检查万向传动装置的主要零部件。

3. 能用仪器检查万向传动装置的主要零部件。

 思政目标

1. 通过万向传动装置规范的拆装流程，培养学生精益求精的工匠精神。

2. 通过学生小组合作学习，培养学生爱岗敬业、团结互助的价值观。

3. 通过万向传动装置故障诊断与排除，培养学生的诚信意识和法律意识。

 任务引入

　　在发动机前置后轮驱动的汽车上，变速器常与发动机、离合器连成一体支撑在车架上，而驱动桥则通过弹性悬架与车架连接。变速器输出轴轴线与驱动桥输入轴轴线很难重合，并且在行驶过程中，弹性悬架受路面冲击而产生震动，使两轴相对位置经常发生变化。本任务介绍万向传动装置的构造、工作原理及拆装检修等知识。

 相关知识

一　万向传动装置

1. 万向传动装置的作用

在轴线相交且相对位置经常变化的两转轴间传递动力。

2. 万向传动装置的组成

万向传动装置由万向节、传动轴、中间支撑等组成，如图 2-131 所示。

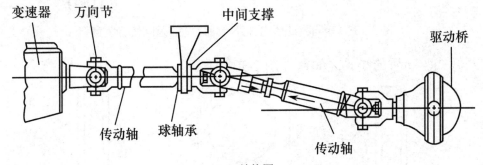

（a）结构图

图 2-131　万向传动装置

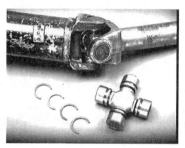

（b）实物图

图 2-131　万向传动装置（续）

3．安装位置

在汽车上，万向传动装置主要安装在以下几个位置。

（1）变速器和后桥之间（见图 2-132）。

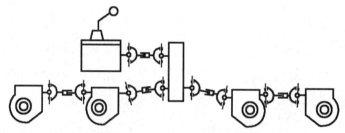

图 2-132　变速器和后桥之间的万向传动装置

（2）变速器和分动器之间。

（3）分动器和驱动桥之间。

（4）转向驱动桥内、外半轴之间，如图 2-133 所示。

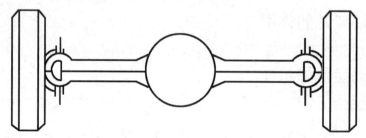

图 2-133　转向驱动桥内、外半轴之间的万向传动装置

（5）断开式驱动桥的半轴之间，如图 2-134 所示。

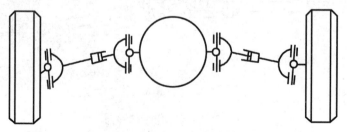

图 2-134　断开式驱动桥的半轴之间的万向传动装置

（6）转向机构中的转向轴与转向器之间，如图 2-135 所示。

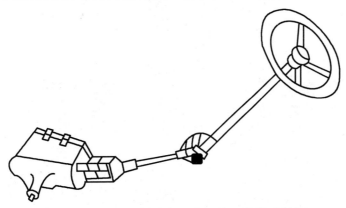

图 2-135　转向轴与转向器之间的万向传动装置

三　万向节

万向节按其在扭转方向上是否有明显弹性可分为：刚性万向节和挠性万向节。刚性万向节又可分为不等速万向节（常用的为十字轴式万向节）、准等速万向节（如双联式、三销轴式万向节）和等速万向节（如球笼式、球叉式万向节）3 种。

1．刚性万向节

1）不等速万向节

下面以十字轴式万向节为例介绍不等速万向节。如图 2-136 所示，万向节叉 2 和 6 上的两对孔分别活套在十字轴 4 的两对轴颈上。主动轴转动时，从动轴既可随之转动，又可绕十字轴中心在任意方向摆动。为减少摩擦损失，提高传动效率，在十字轴轴颈和万向节叉孔间装有滚针 8 和套筒 9 组成的滚针轴承，轴承靠轴承盖 1 轴向定位。为了润滑轴承方便，十字轴做成中空，并有相应油路通向轴颈。为避免润滑油泄漏和灰尘进入轴承，在十字轴轴颈内端套有带金属座圈的毛毡油封 7。如果十字轴内腔润滑压力超过允许值，带弹簧的安全阀 5 被顶开而使润滑油外溢，避免油封因油压过高而损坏。近年来为了提高密封性能，十字轴式万向节多采用橡胶油封。当用注油枪向十字轴内腔注入润滑油而使内腔油压超过允许值时，多余的润滑油会从油封内圆表面与十字轴轴颈接触处溢出，故无须安装安全阀。

2）准等速万向节

根据双万向节实现等速传动的原理而设计的万向节称为准等速万向节。

常见的准等速万向节有双联式（见图 2-137（a））和三销轴式（见图 2-137（b））两种。

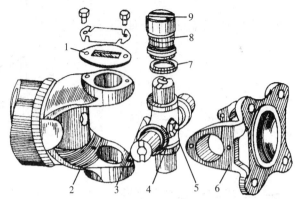

1—轴承盖；2、6—万向节叉；3—油嘴；4—十字轴；5—安全阀；7—毛毡油封；8—滚针；9—套筒

图 2-136 十字轴式万向节

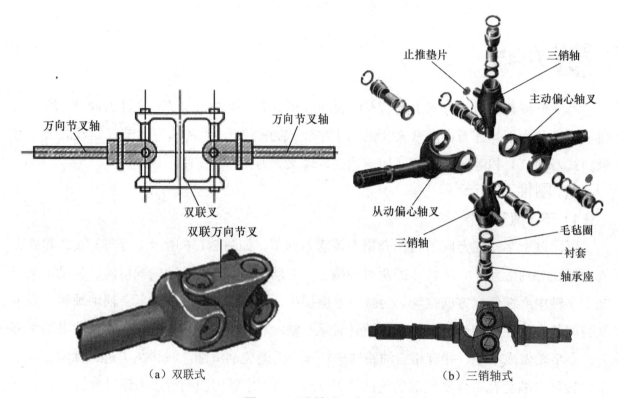

（a）双联式 （b）三销轴式

图 2-137 准等速万向节

3）等速万向节

小轿车上常用的等速万向节为球笼式万向节，也有采用球叉式万向节或自由三枢轴式万向节的。

工作原理：保证万向节在工作过程中，其传力点永远位于两轴交角的平分面上。

（1）球笼式万向节。如图 2-138 所示，球笼式万向节主要由保持架（球笼）4、钢球 6、星形套 7 和球形壳（外滚道）8 等组成。外表面具有 6 条曲面凹槽的星形套（内滚道）7 采用花键与中段半轴连接，并用卡环 9、隔套和碟形垫圈轴向定位。内表面具有相应 6 条曲面凹槽的球形壳（外滚道）8 与带花键的外半轴制成一体。组装时，6 个钢球经保持架

（球笼）4 上的 6 个窗孔分别装入 6 条曲面凹槽中，并紧靠球笼使所有钢球保持在同一平面内。组装后，动力由中段半轴传至内滚道，经钢球、外滚道输出，并传递给转向驱动轮。

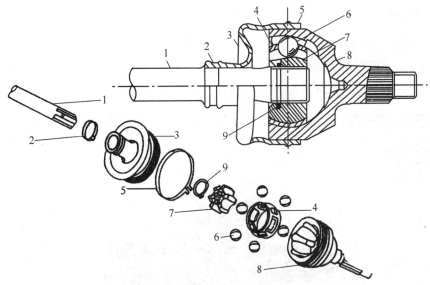

1—主动轴；2、5—钢带箍；3—外罩；4—保持架（球笼）；
6—钢球；7—星形套（内滚道）；8—球形壳（外滚道）；9—卡环

图 2-138 球笼式万向节

（2）球叉式万向节。球叉式万向节的主、从动叉分别与转向驱动桥的内、外半轴制成一体，如图 2-139 所示。两叉各有 4 个曲面凹槽，组装后构成的两个相交环槽成为 4 个传动钢球的滚道。两叉中心的凹槽内放置中心定心钢球。

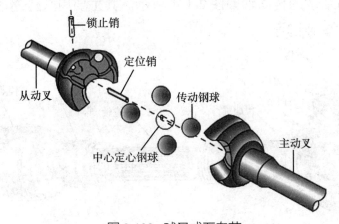

图 2-139 球叉式万向节

为使钢球装入槽内方便，在中心钢球上铣出一个凹面，且其中央有一深孔。组装时，首先将定位销装入从动叉内，并放入中心钢球；接着在两球叉槽中陆续装入 3 个传动钢球；再将中心钢球的凹面朝向未放钢球的凹槽，并随即放入第 4 个传动钢球；在将中心钢球的孔对准从动叉孔后，提起从动叉轴使定位销插入该球孔中；最后将锁止销插入从动叉上与定位销垂直的孔中，用以限制定位销轴向位移，并确保中心钢球的准确位置。

球叉式万向节工作时，正、反转分别通过两个传力钢球传力，故球面与凹槽间的单位压力较大、磨损较快，影响使用寿命。

2. 挠性万向节

挠性万向节通过橡胶件将主、被动轴叉交错连接在一起，如图 2-140 所示。依靠橡胶件的弹性变形，挠性万向节能够实现转动轴线的小角度（3°～5°）偏转和微小轴向位移，吸收传动系统中的冲击载荷和衰减扭转震动。它具有结构简单、无须润滑等优点。由于弹性件的弹性变形量有限，因此挠性万向节一般用于两轴间夹角不大且只有微量轴向位移的万向传动场合。

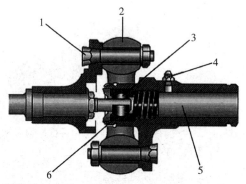

1—螺栓；2—橡胶件；3—中心钢球； 4—黄油嘴；5—传动凸缘；6—球座

图 2-140 挠性万向节

3. 传动轴及中间支撑

（1）发动机前置后驱的传动轴如图 2-141 所示。其主要用来传递动力并有伸缩功能。传动轴上有平衡块和安装记号。

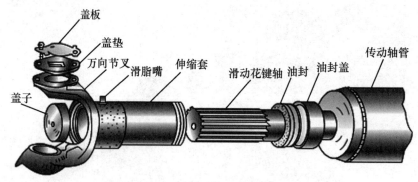

图 2-141 发动机前置后驱的传动轴

（2）独立悬架驱动桥上的传动轴（半轴）如图 2-142 所示。其主要是传递动力并靠内侧万向节的伸缩来改变差速器与驱动轮的距离变化。

（3）中间支撑。传动距离较长时，一般将传动轴分段，各段之间增加中间支撑部件，其布置位置如图 2-143 所示。其实际上是一个通过支撑座和缓冲胶安装在车身上的轴承。

图 2-142 独立悬架驱动桥上的传动轴（半轴）

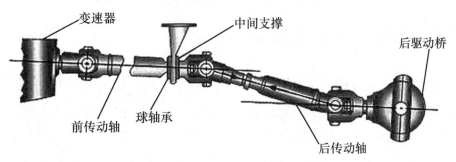

图 2-143 中间支撑的布置位置

任务实施

本书以红塔轻卡为例进行万向传动装置总成的拆装与检修的讲解，步骤如下。

一、万向传动装置总成的就车拆卸

（1）用三角木固定好车轮［见图 2-144（a）］，做好装配记号，拆下传动轴凸缘座紧固螺栓［见图 2-144（b）］。

（a）三角木固定车轮

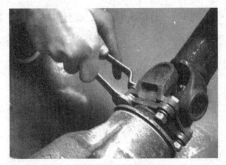

（b）拆紧固螺栓

图 2-144 万向传动装置总成的就车拆卸过程

（2）从花键套中小心取出传动轴总成。

二、万向传动装置总成的分解

（1）用尖嘴钳取出十字轴上的卡环，用 V 形架支撑住传动轴总成。

（2）用锤子轻敲凸缘座的根部，将滚针轴承座震出来。将传动轴转过 180°，用同样的方法将凸缘叉座的另一滚针轴承座震出，取下凸缘叉座。注意敲击的部位，不能敲击轴叉内侧。

三、万向传动装置总成的安装

万向传动装置总成的装复应按拆卸时相反的顺序进行，但要注意以下几点。

（1）拆卸前在传动轴上做好装配记号，安装时按原来的记号连接滑动叉，再将万向节凸缘座与主减速器凸缘座连接，紧固好螺栓。

（2）十字轴上的黄油嘴要朝向传动轴，以便加注黄油及保持传动轴的平衡。

（3）同一轴上的万向节叉平面应在同一水平面上。

（4）中间吊耳的黄油嘴应向下、朝后（如达不到要求，可将轴承减震胶套调转方向安装）。

四、就车检查万向传动装置总成情况

（1）用手晃动十字轴的一端（见图 2-145），应无明显松旷现象，如有应更换十字轴。

（2）检查传动轴前段的花键槽有无磨损、松旷，如有则应更换。

（3）检查万向传动装置的动平衡块情况，若无动平衡块则应做动平衡实验。

（4）检查中间支撑的橡胶垫环是否开裂、油封磨损是否过甚而失效、轴承松旷或内孔磨损是否严重，如图 2-146 所示。如果有以上现象，均应更换中间支撑。

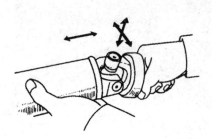

图 2-145 十字轴的检查

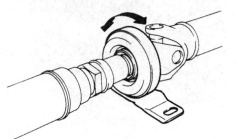

图 2-146 中间支撑的检查

（5）球笼式等速万向节应检查防尘套是否破裂、损坏，如有应更换；检查球笼内钢球支架的磨损情况，如有磨损，应更换万向节总成，如图 2-147 所示。

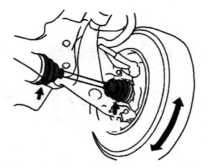

图 2-147 球笼式等速万向节的检查

五、传动轴各部件的检测

（1）检查传动轴轴管有无损伤、裂纹和严重的凹瘪现象。

（2）传动轴的径向跳动的检测：将传动轴放在中心架上，用百分表检查其径向跳动，如图 2-148 所示。跳动公差应符合表 2-1 所示的规定，否则应校正或更换。

表 2-1 传动轴的径向全跳动公差表

轴的长度	≤600mm	600～1 000mm	>1 000mm
径向全跳动公差	0.6mm	0.8mm	1.0mm

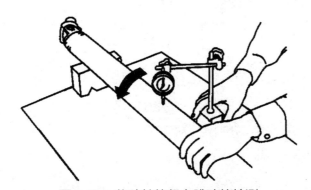

图 2-148 传动轴的径向跳动的检测

（3）万向节叉、十字轴及轴承的检查。

① 当十字轴轴颈表面有疲劳剥落、磨损沟槽或滚针压痕深度在 0.1mm 以上时，应更换。

② 当滚针轴承的油封失效、滚针断裂、轴承内圈有疲劳剥落时，应更换。

③ 十字轴及轴承装入万向节叉后的轴向间隙为 0.02～0.25mm（轿车为 0～0.05mm），磨损超过标准值应更换。

（4）用手晃动传动轴花键套与滑动叉花键，应无明显间隙，否则应予以更换。

（5）传动轴的动平衡实验检测：在排除上述故障的前提下仍不正常工作，应对传动轴进行动平衡检测，重新进行调整。

拓展训练

万向传动装置常见故障的诊断与排除

1．传动轴震动与噪声

（1）现象。汽车在行驶过程中，传动轴产生震动并引起车身震动和噪声，其震动频率一般和车速成正比。

（2）原因及排除方法。

① 传动轴连接部位松动，拧紧螺栓。

② 传动轴弯曲、变形、严重凹瘪，应校正或更换。

③ 万向节松旷、异响、严重磨损，更换万向节。

④ 传动轴花键套与滑动叉花键间隙过大，磨损严重，应更换。

⑤ 中间支撑松旷、磨损，应更换。

⑥ 传动轴动不平衡，应做动平衡实验，重新调整。

2．汽车起步、换挡或变速时的异响

（1）现象。汽车起步、换挡或变速时万向传动装置有"哐当"的响声。

（2）原因及排除方法。

① 传动轴连接部位松动，拧紧螺栓。

② 万向节松旷、异响、严重磨损，更换万向节。

③ 传动轴滑动花键或花键叉磨损，应更换。

④ 变速箱或传动轴中间轴承胶套损坏，应更换。

素养与思政

通过万向传动装置的故障诊断与维修，培养学生讲诚信的意识、遵纪守法的意识，在技术方面力求精益求精，发扬大国工匠精神。各小组在实训过程中必须团结一致、相互合作学习，操作过程中注意安全，要求全程实现 7S 管理。

技能训练

要求：

1．可进行万向传动装置的拆装检修；

2．按照规范的工艺要求拆装，注意安全，全程要求 7S 管理。

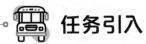

任务
4　驱动桥的构造与拆装检修

知识目标

1. 掌握驱动桥的构造与类型。
2. 掌握各类主减速器、差速器的工作原理。

能力目标

1. 能对驱动桥、主减速器进行拆装与调整。
2. 能用目测的方法检查驱动桥的主要零部件。
3. 能用仪器检查驱动桥的主要零部件。

思政目标

1. 通过介绍驱动桥、主减速器规范的拆装流程，培养学生严谨的工作作风。
2. 通过学生小组合作学习，培养学生爱岗敬业、团结互助的价值观。
3. 通过驱动桥、主减速器故障诊断与排除，培养学生的诚信意识和法律意识。

 任务引入

　　驱动桥是传动系统的最后一个总成，发动机的动力传到驱动桥后，首先传到主减速器，在这里将转矩放大并降低转速后，经差速器分配给左、右半轴，最后通过半轴外端的凸缘传到驱动车轮的轮毂。本任务介绍驱动桥的主要零部件的构造、工作原理及拆装检修等知识。

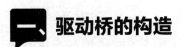 相关知识

一　驱动桥的构造

1. 驱动桥的组成

驱动桥是指变速器与驱动轮之间联轴器及传动轴之外的所有传动部件和壳体。

驱动桥由主减速器、差速器、半轴、桥壳（或变速器壳体）和车毂等零部件组成，如图 2-149 所示。

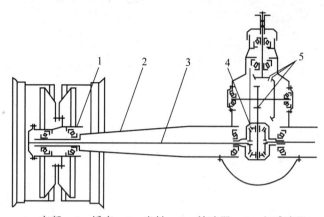

1—车毂；2—桥壳；3—半轴；4—差速器；5—主减速器

图 2-149 驱动桥

2．驱动桥的功用

（1）通过主减速器、差速器、半轴等将动力传到驱动轮，实现降低转速、增大转矩的作用。

（2）通过主减速器圆锥齿轮副传动，改变转矩的传递方向，使其与车辆行进方向相符。

（3）通过差速器可以使内、外侧车轮以不同转速转动，适应汽车的转向要求。

（4）通过桥壳和车轮实现承载及传力作用。

3．驱动桥的类型

驱动桥有整体式驱动桥和断开式驱动桥两种。

（1）整体式驱动桥。整体式驱动桥的桥壳是整体的，与非独立悬架配合使用。半轴套管与主减速器壳刚性连成一体，整个驱动桥通过弹性悬架与车架相连，两侧车轮和半轴不能在横向平面内做相对运动，如图 2-150 所示。

图 2-150 整体式驱动桥

（2）断开式驱动桥。断开式驱动桥的桥壳分段以铰链连接，与独立悬架配合作用，如图 2-151 所示。当驱动轮采用独立悬架时，两侧的驱动轮分别通过弹性悬架与车架相连，两车轮可彼此独立地相对于车架上下跳动。与此相对应，主减速器壳固定在车架上，半轴与传动轴通过万向节铰接，传动轴又通过万向节与驱动轮铰接。

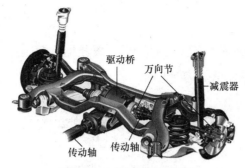

图 2-151 断开式驱动桥

二、主减速器

1. 功用

主减速器的功用是将输入转矩增大并相应降低其转速，如图 2-152 所示。对于纵向布置的发动机，其可以用来改变转矩的方向，以满足车辆行驶要求。

2. 类型

（1）按齿轮传动副的数目分，有单级式和双级式。目前，轿车、小型客车、轻型和中型货车一般采用单级主减速器；大型和重型货车不仅要求较大的主减速比，而且要求较大的离地间隙，故多采用双级主减速器。

（2）按齿轮传动比挡数分，有单速式和双速式。单速式的传动比是固定的，双速式有供驾驶员选择的两个传动比，以适应不同工作条件。

图 2-152 主减速器

（3）按齿轮传动副的结构形式分，有斜齿圆柱齿轮式、曲线齿锥齿轮式和准双曲面锥齿轮式。

① 斜齿圆柱齿轮，特点是主、从动齿轮轴线平行。

② 曲线齿锥齿轮，特点是主、从动锥齿轮轴线垂直且相交，如图 2-153（a）所示。

③ 准双曲面锥齿轮，特点是主、从动锥齿轮轴线垂直但不相交，有轴线偏移，如图 2-153（b）所示。

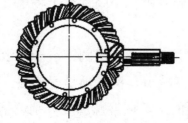

（a）曲线齿锥齿轮传动

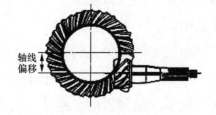

（b）准双曲面锥齿轮传动

图 2-153 主减速器齿轮传动副的结构形式

3．单级主减速器

图 2-154 为东风 EQ1090E 型汽车的单级主减速器，它由一对准双曲面锥齿轮 18 和 7 及其支撑调整装置、主减速器壳 4 等组成。

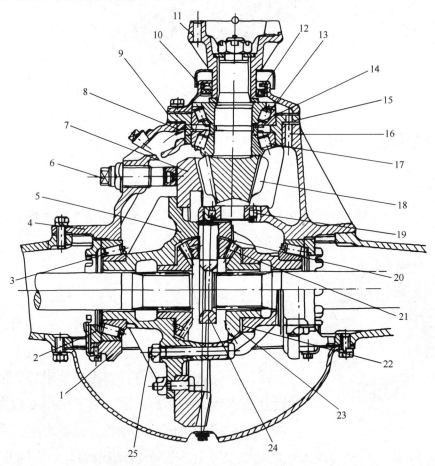

1—差速器轴承盖；2—轴承调整螺母；3、13、17—圆锥滚子轴承；4—主减速器壳；5—差速器壳；
6—支承螺栓；7—从动锥齿轮；8—进油道；9、14—调整垫片；10—防尘罩；11—叉形凸缘；
12—油封；15—主动锥齿轮轴承座；16—回油道；18—主动锥齿轮；19—圆柱滚子轴承；20—行星齿轮球面垫片；
21—行星齿轮；22—半轴齿轮推力垫片；23—半轴齿轮；24—行星齿轮轴（十字轴）；25—螺栓

图 2-154　东风 EQ1090E 型汽车的单级主减速器

主动锥齿轮与输入轴制成一体，其前端支撑在相互贴近且小端相向的两个圆锥滚子轴承 13 和 17 上；后端支撑在圆柱滚子轴承 19 上，形成可靠的跨置式支撑。环形从动锥齿轮齿圈通过螺栓固连在差速器壳 5 上，而减速器壳利用两个圆锥滚子轴承支撑在主减速器壳上的轴承座孔中。

圆锥滚子轴承装配时应使其具有一定的预紧度。为此，在圆锥滚子轴承 13 和 17 之间装有调整垫片 14，若增加垫片厚度则轴承预紧度减小，反之预紧度增大。支撑差速器壳的一对圆锥滚子轴承 3 的预紧度，通过各自侧面的轴承调整螺母 2 分别调整，若拧入调整螺母则轴承预紧度增加，反之预紧度减小。

锥齿轮啮合的调整包括啮合印痕和齿侧间隙两个方面。啮合印痕可以通过增减主减速器壳 4 与主动锥齿轮轴承座 15 之间的调整垫片 9 的厚度来调整，若增加垫片厚度，主动锥齿轮轴前移，反之后移。齿侧间隙通过拧动两端的轴承调整螺母 2 来实现，当一端螺母拧入时，另一端螺母应拧出，即使从动锥齿轮轴发生轴向位移。此时，若使从动锥齿轮靠近主动锥齿轮，则啮合间隙减小，反之增大。值得注意的是：调整齿侧间隙时，为保证已调好的轴承预紧度不变，应使一端螺母拧入的圈数等于另一端螺母拧出的圈数。

三、差速器

汽车差速器是一个差速传动机构，用来保证各驱动轮在各种运动条件下的动力传递，避免轮胎打滑。

当汽车转向时外侧车轮滚过的路程长，内侧车轮滚过的路程短，要求外侧车轮转速快于内侧车轮，即希望内、外侧车轮转速不同。如果两车轮都固定在同一根车轴上同速度运转，那么车轮就会出现边滚动边滑动的现象，严重影响车辆的安全运行，所以在汽车驱动桥上都装有差速器，按左、右车轮的运动条件来分配传递动力，避免车轮与地面磨损打滑。

1. 差速器的功用

差速器的功用是将主减速器传来的动力传给左、右两半轴，允许左、右两半轴以不同的速度旋转，以满足两侧驱动轮差速的需要。

2. 差速器的构造

目前小轿车普遍采用对称式锥齿轮普通差速器。其结构如图 2-155 所示。

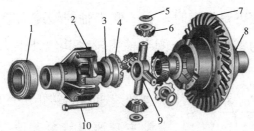

1—轴承；2、8—差速器壳；3—垫片；4—半轴齿轮；5—行星齿轮垫片；
6—行星齿轮；7—从动齿轮；9—十字行星轴；10—螺栓

图 2-155 对称式锥齿轮普通差速器的结构

3. 差速器工作原理

差速器工作原理如图 2-156 所示。

（1）汽车直线行驶（两侧驱动轮阻力相同）时。通过半轴及半轴齿轮反作用于行星齿轮，两啮合点 A、B 的力相同，此时行星齿轮只有公转，没有自转，差速器不起差速作用，则

$$n_1 = n_2 = n_0$$

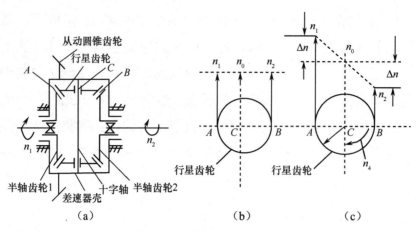

图 2-156 差速器工作原理

（2）差速器转弯行驶（两侧驱动轮阻力不相同）时，通过半轴及半轴齿轮反作用于行星齿轮，两啮合点的力不相等。如汽车右转向，外侧车轮有滑移的趋势，内侧车轮有滑转的趋势，即外侧车轮阻力小，内侧车轮阻力大，使行星齿轮除了公转，还要绕着行星齿轮十字轴自转，差速器起差速作用。设自转速度为 Δn，则

$$n_1 = n_0 + \Delta n$$

$$n_2 = n_0 - \Delta n$$

（3）差速器的运动特性方程式。

$$n_1 + n_2 = 2n_0$$

上式表明：差速器无论差速与否，两半轴齿轮的转速之和始终等于差速器壳转速的两倍，而与行星齿轮的自转速度无关。

① 当任何一侧的半轴齿轮为零时，另一侧半轴的转速为差速器壳转速的两倍。

② 当差速器壳转速为零时，若一侧半轴齿轮受其他外来力矩作用而转动，则另一侧半轴齿轮以相同的转速反向转动。

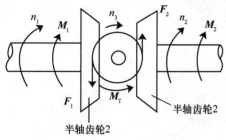

图 2-157 差速器转矩分配图

（4）差速器的转矩分配特性。

设主减速器传至差速器壳的转矩为 M_0，两半轴的转矩分别为 M_1 和 M_2，行星齿轮自转产生的摩擦力矩为 M_T。差速齿轮转矩分配图如图 2-157 所示。

当行星齿轮不自转时，$M_T = 0$，差速器将转矩 M_0 平均分配给两半轴齿轮。

$$M_1 = M_2 = M_0/2$$

当行星齿轮自转（$n_1 > n_2$）时，行星齿轮所受摩擦力矩 M_T 与其自转力 n_3 方向相反。

$$M_1 = (M_0 - M_T)/2 ; \quad M_2 = (M_0 + M_T)/2$$

摩擦力矩 M_T 使行星齿轮分别对左右半轴齿轮施加了大小相等但方向相反的两个圆周力 F_1 和 F_2。

由于 M_T 很小，可忽略不计，则 $M_1 = M_2 = M_0/2$。

结论：无论差速器差速与否，行星锥齿轮差速器都具有转矩等量分配的特性。该特性对于汽车在好路面上行驶是有利的，但在差路面上行驶却会严重影响其通过率。

（5）防滑差速器：为了提高汽车在较差路面的通过能力，大多数汽车制造厂采用防滑差速器来使车轮转动通过较差路面。防滑差速器分为机械式和电子式防滑差速器，普通差速器如图 2-158 所示，防滑差速器如图 2-159 所示。

图 2-158　普通差速器

图 2-159　防滑差速器

四、半轴

半轴是差速器与驱动桥之间传递较大转矩的实心轴。其内端一般采用花键与差速器的半轴齿轮连接，外端通过凸缘盘等方式与驱动轮的轮毂相连。半轴结构因驱动桥结构形式不同而异，整体式驱动桥中的半轴为刚性整轴；转向驱动桥和断开式驱动桥中的半轴分段并用万向节连接。

根据半轴与驱动轮的轮毂在桥壳上的支撑形式及半轴受力情况的不同，半轴可分为全浮式、四分之三浮式、半浮式和不浮式。现代汽车基本上采用全浮式半轴支撑和半浮式半轴支撑两种形式。

1. 全浮式半轴支撑

全浮式半轴支撑的半轴两端只承受转矩，不承受支反力和弯矩。

半轴外凸缘用螺钉和轮毂连接，轮毂通过两个相对较远的圆锥滚子轴承支撑于桥壳上，内端用花键与差速器壳内的半轴齿轮连接。全浮式半轴支撑结构如图 2-160 所示。

半轴 6 外端带有直接锻造出的凸缘盘，轮毂 9 通过轮毂螺栓 7 与凸缘盘连接，轮毂通过两个相距较远的圆锥滚子轴承 8 和 10 支撑在半轴套管 1 上，半轴套管 1 与驱动桥壳 12 压配成一体，半轴与桥壳无直接联系。

轮毂内的两个圆锥滚子轴承的安装方向要使其能分别承受向内和向外的轴向力，以防

止轮毂连同半轴在侧向力作用下发生轴向位移。轴承预紧度可通过调整螺母2调整，并用锁紧螺母紧固。

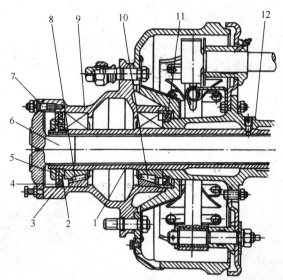

1—半轴套管；2—调整螺母；3、11—油封；4—锁紧垫圈；5—锁紧螺母；
6—半轴；7—轮毂螺栓；8、10—圆锥滚子轴承；9—轮毂；12—驱动桥壳

图2-160 全浮式半轴支撑结构

2．半浮式半轴支撑

半浮式半轴支撑的半轴外端不仅要承受转矩，而且还要承受各种反力及其形成的弯矩，半轴内端不承受弯矩。

半轴内端支撑与全浮式支撑相同，即半轴内端不受力及弯矩。半轴外端锥面上有纵向键槽及螺纹，轮毂通过键与半轴锥部连接，并用螺母紧固。半轴通过圆锥滚子轴承直接支撑在桥壳凸缘内。由此可见，路面作用在驱动轮上的各反力都必须经半轴传递给桥壳。半浮式半轴支撑结构如图2-161所示。

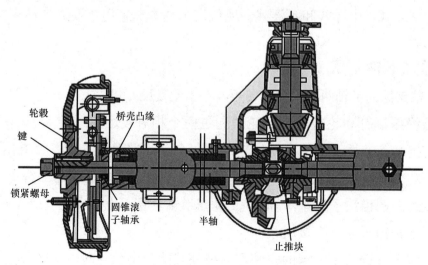

图2-161 半浮式半轴支撑结构

五、驱动桥壳

驱动桥壳一般由主减速器和半轴套管组成。其内部一般用来安装主减速器、差速器、半轴等零件，其外部通过悬架与车架相连，两端安装制动底板并连接车轮，承受悬架和车轮传来的各种作用力和力矩。

驱动桥壳分为整体式驱动桥壳和分段式驱动桥壳两类。

1．整体式驱动桥壳

如图 2-162 所示，由于整体式驱动桥壳便于主减速器内的装配、调整和维修，故普遍用于各类汽车上。常见的整体式驱动桥壳有整体铸造、钢板冲压焊接、中段铸造与半轴套管压配这几种形式。

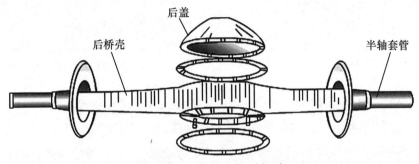

图 2-162　整体式驱动桥壳

2．分段式驱动桥壳

图 2-163 为分段式驱动桥壳，一般通过螺栓 1 将两段连接成一体。该驱动桥壳由主减速器壳 10、壳盖 13、两个半轴套管 4 和凸缘盘 8 等组成。它易于制造、加工简便，但保养维修不便，且拆卸、检查主减速器时，必须从汽车上卸下整个驱动桥，故目前应用较少。

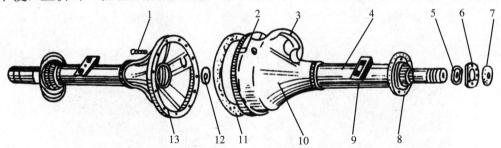

1—螺栓；2—注油孔；3—主减速器颈部；4—半轴套管；5—调整螺母；6—止动垫片；
7—锁紧螺母；8—凸缘盘；9—弹簧座；10—主减速器壳；11—垫片；12—油封；13—壳盖

图 2-163　分段式驱动桥壳

任务实施

一、主减速器总成的就车拆卸

（1）拉起手动制动器，用三角木固定住前后车轮，如图 2-164 所示。

（2）拆下后轮半轴，如图 2-165 所示。注意标记好轴承安装位置。

图 2-164　固定车轮

图 2-165　拆下后轮半轴

（3）放出后桥壳里的齿轮油，用干净的容器装好，如图 2-166 所示。

（4）做好传动轴装配记号，拆下传动轴如图 2-167 所示。

图 2-166　放齿轮油

图 2-167　拆下传动轴

（5）用套筒扳手拧下主减差速器总成周围的螺栓，拆卸主减速器总成如图 2-168 所示。

图 2-168　拆卸主减速器总成

二、差速器总成的分解

（1）检查差速器轴承盖有无装配记号，若没有应重新做好标记。用套筒扳手拆调整螺母保险装置及轴承盖螺栓，如图 2-169 所示。

图 2-169　拆调整螺母保险装置及轴承盖螺栓

（2）取下轴承盖螺栓、轴承盖、调整螺母、轴承外圈及差速器总成并摆放整齐，如图 2-170 所示。

图 2-170　摆放好的各零部件

（3）用专用工具拆卸主动锥齿轮轴的锁紧螺母，取出凸缘座、主动锥齿轮轴、隔套、调整垫片并按拆卸顺序放好，如图 2-171 所示。

图 2-171　拆卸主动锥齿轮轴

（4）撬开差速器壳体上的螺栓锁止垫片，卸下连接螺栓。取出差速器壳体、调整垫片、半轴齿轮、行星齿轮及轴，并按顺序放好，如图 2-172 所示。

图 2-172　按顺序摆放好各零件

💡 **提示** ────────────────────────

主减速器解体注意事项：

① 解体前应对齿轮啮合间隙、轴承轴向间隙做初步检查；

② 解体后应认真记录各部位调整垫片数量、厚度，并分别按顺序放置；

③ 从动齿轮轴承调整垫片解体前做安装位置标记，避免安装时左右调整垫片错位；

④ 在取下轴承和调整垫片后应将从动锥齿轮座盖装到原处，防止左右轴承座盖错乱。

三、主减速器总成零部件的检修

（1）从动齿轮轴承预紧度的检测。经验检查，即用手转动从动锥齿轮，锥齿轮应该转动自如，且轴向推动无间隙。也可用弹簧秤钩在从动锥齿轮紧固螺栓上测量，得到切向拉力为 11.3～25.9N，如图 2-173 所示。

（2）主减速器啮合间隙的检测，如图 2-174 所示。用磁性百分表固定在减速器壳的凸缘上，百分表的触头应垂直从动锥齿轮牙齿大端的凸面，用手把住主动锥齿轮，然后轻轻往复摆转从动锥齿轮，观测百分表指针摆动的读数。正确的主、从动锥齿轮啮合间隙范围为 0.15～0.4mm。

图 2-173　用弹簧秤测量切向拉力

图 2-174　主减速器啮合间隙的检测

四、主减速器的调整

（1）从动齿轮轴承预紧度的调整。慢慢拧动两端的调整螺母，调整差速器轴承预紧度，如图 2-175 所示。用手转动从动锥齿轮，其应该转动自如，且轴向推动无间隙或用弹簧秤检查并符合标准。

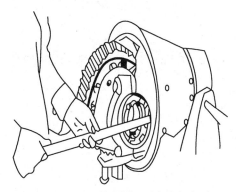

图 2-175　调整差速器轴承预紧度

如轴承预紧度过紧，则往外拧两端的调整螺母。

如轴承预紧度过松，则往里拧两端的调整螺母。

（2）主减速器啮合间隙的调整。移动从动锥齿轮。当从动锥齿轮远离主动锥齿轮时间隙变大，反之则变小。移动从动锥齿轮的方法是将一侧的轴承调整螺母旋入几圈，另一侧就旋出几圈。

调整前应先将从动锥齿轮的轴承预紧度调整好。正确的主、从动锥齿轮啮合间隙范围为 0.15～0.4mm，若齿隙大于上述规定数值的上限（0.4mm），应使从动齿轮向靠近主动齿轮的方向移动；若齿隙小于下限值（0.15mm），则反向移动。

① 间隙过小，则松开左侧螺母，拧紧右侧螺母，这样是使从动轮离开主动轮。

② 间隙过大，则松开右侧螺母，拧紧左侧螺母，这样是使从动轮靠近主动轮。

（3）调整后在从动齿轮上均匀地涂上一层红丹油，用手转动主动齿轮，检查啮合痕迹，接触面应在 80% 以上，痕迹应在从动齿轮的中间位置。

素养与思政

本任务要求分组训练，各小组必须按照规范的操作方式精确快速地进行安装、检修，力求将主减速器安装工作、零部件精度检测工作做到精益求精，弘扬大国工匠精神。各小组在实训过程中必须团结一致、相互合作学习，培养学生讲诚信的意识、遵纪守法的意识，操作过程中注意安全，要求全程实现 7S 管理。

拓展训练

驱动桥的常见故障原因及排除方法

驱动桥的主减速器、差速器、半轴、轴承和油封等长期承受冲击载荷，使其各配合副磨损严重、各零部件损坏，导致驱动桥过热、漏油和异响等故障发生。

1. 过热

（1）故障现象。汽车行驶一段里程后，用手探试驱动桥壳中部或主减速器壳，有无法忍受的烫手感觉。

（2）故障原因。

① 齿轮油变质、油量不足或牌号不符合要求。

② 轴承调整过紧。

③ 齿轮啮合间隙和行星齿轮与半轴齿轮啮合间隙太小。

④ 推力垫片与主减速器从动齿轮背隙过小。

⑤ 油封过紧和各运动副、轴承润滑不良而产生干（或半干）摩擦。

（3）故障诊断与排除方法。检查驱动桥中各部分受热情况。

① 局部过热。

第一，油封处过热，则故障由油封过紧引起，应更换油封。

第二，轴承处过热，则故障由轴承损坏或调整不当引起，应更换轴承。

第三，油封和轴承处均不过热，则故障由推力垫片与主减速器从动齿轮背隙过小引起。

② 普遍过热。

第一，检查齿轮油油面高度，若油面太低，则故障由齿轮油油量不足引起。

第二，否则检查齿轮油规格、黏度或润滑性能。若检查结果不符合要求，则故障由齿轮油变质或规格不符合要求引起。

第三，否则检查主减速器齿轮啮合间隙的大小。松开驻车制动器，变速器置于空挡，轻轻转动主减速器的凸缘盘；若转动角度太小，则故障由主减速器齿轮啮合间隙太小引起；若转动角度正常，则故障由差速器行星齿轮与半轴齿轮啮合间隙太小引起，应调整各结合处间隙。

2. 漏油

（1）故障现象。从驱动桥加油口、放油口螺塞处或油封、各接合面处可见到明显漏油痕迹。

（2）故障原因。

① 加油口、放油口螺塞松动或损坏。

② 油封磨损、硬化，油封装反，油封与轴颈不同轴，油封轴颈磨成沟槽。

③ 接合平面变形、加工粗糙，密封衬垫太薄、硬化或损坏，紧固螺钉松动或损坏。

④ 通气孔堵塞。

⑤ 桥壳有铸造缺陷或裂纹。

⑥ 齿轮油加注过多，运转中壳体内压增高，使齿轮油渗出。

（3）故障诊断与排除方法。

① 加油口、放油口螺塞松动，则应将其紧固。

② 油封故障则应更换。

③ 如加油过多则放出一部分，直到符合要求。

3. 异响

（1）故障现象。

① 行驶时驱动桥有异响，脱挡滑行时异响减弱或消失。

② 行驶时驱动桥有异响，脱挡滑行时也有异响。

③ 汽车直线行驶时无异响，当汽车转弯时驱动桥处有异响。

④ 汽车上坡或下坡时后桥有异响，或上、下坡时驱动桥都有异响。

⑤ 车轮有运转噪声或沉重的异响。

（2）故障原因。

① 圆锥和圆柱主从动齿轮、行星齿轮、半轴齿轮啮合间隙过大；半轴齿轮花键槽与半轴的配合松旷；主、从动锥齿轮啮合不良；圆锥和圆柱主从动齿轮啮合间隙不均；齿轮齿面损伤或轮齿折断。

② 主、从动锥齿轮调整不当，间隙过小；主动锥齿轮轴承松旷；主动圆柱齿轮轴承松旷；差速器圆锥滚子轴承松旷；后桥中某个轴承由于预紧力过大，导致间隙过小。

③ 差速器行星齿轮和半轴齿轮不匹配，使其啮合不良；行星齿轮、半轴齿轮磨损或折断；差速器十字轴轴颈磨损；行星齿轮支撑垫圈磨损变薄；行星齿轮与差速器十字轴卡滞或装配不当（如行星齿轮支撑垫圈过厚），使行星齿轮转动困难；减速器从动齿轮与差速器壳的紧固铆钉松动。

④ 驱动桥某一部位的齿轮啮合间隙过小，导致汽车上坡时发响；后桥某一部位的齿轮啮合间隙过大，导致汽车下坡时发响；后桥某一部位的齿轮啮合印痕不当或齿轮轴支撑轴承松旷，导致汽车上、下坡时都发响。

⑤ 车轮轮毂轴承损坏，轴承外圈松动；制动鼓内有异物；车轮轮辋破碎；车轮轮辋轮胎螺栓孔磨损过大，使轮辋固定不牢。

（3）故障诊断与排除方法。

① 调整各啮合齿轮之间的间隙。

② 如果是轴承的问题，则应更换轴承。

 技能训练

要求：

1．主减速器的拆装检修；

2．按照规范的工艺要求拆装，注意安全，全程要求 7S 管理。

项目三

行驶系统

📖 项目描述

赵先生从柳州开车去桂林出差，当汽车行驶 200km 后，发现汽车有点跑偏并且还有异响，停车检查后发现有一个轮胎没有气了，开车去轮胎专卖店去更换轮胎时，老板还特别强调送动平衡，本项目就介绍行驶系统零部件的构造、工作原理及检修等知识。

任务 1 **车架、车桥、车轮的构造与维修**

 知识目标

1. 掌握车架的构造。
2. 掌握车桥的构造与原理。
3. 掌握车轮、轮胎的构造及原理。
4. 掌握前轮定位的方法与原理。

能力目标

1. 能更换轮胎。
2. 能对轮胎做动平衡。
3. 能调整汽车前轮前束。

思政目标

1. 通过轮胎动平衡、前轮前束调整的规范操作，培养学生精益求精的工匠精神。
2. 通过学生小组合作学习，培养学生爱岗敬业、团结互助的价值观。
3. 通过轮胎更换，培养学生讲诚信、遵纪守法的价值观。

 任务引入

　　车架是汽车的基体，由悬挂装置、前桥、后桥支承在车轮上，车架必须具有足够的强度和刚度以承受汽车的载荷和从车轮传来的冲击。车桥主要是承受汽车的载荷，维持汽车在道路上的正常行驶，车轮是固定轮胎内缘、支持轮胎并与轮胎共同承受负荷的刚性轮，本任务介绍车架、车桥、车轮的构造等知识。

 相关知识

 一、概述

　　汽车行驶系统的功能是接受由发动机经传动系统输出的转矩，并通过驱动轮与路面间附着作用，产生路面对汽车的牵引力来保证汽车的正常行驶；传递并承受路面作用于车轮的各向反力及其形成的力矩。此外，行驶系统要尽可能缓和不平路面对车身造成的冲击和震动，保证汽车的行驶平稳性，并且与汽车转向系统配合工作，实现汽车行驶方向的正确控制。

汽车行驶系统主要由车架、车桥、车轮和悬架等组成。后驱动行驶系统如图 3-1 所示。前驱动行驶系统如图 3-2 所示。

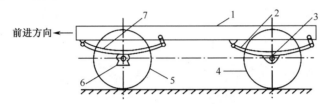

1—车架；2—后悬架；3—驱动桥；4—后轮；5—前轮；6—从动桥；7—前悬架

图 3-1　后驱动行驶系统

图 3-2　前驱动行驶系统

汽车行驶系统的基本类型主要有轮式、履带式、半履带式、车轮-履带式等形式。

汽车行驶在比较坚实的道路上，其行驶系统中直接与路面接触的部分是车轮，这种行驶系统称为轮式行驶系统，这样的汽车便是轮式汽车，如图 3-3 所示。

行驶系统中直接与路面接触的部分是履带的汽车称为履带式汽车，如图 3-4 所示。

图 3-3　轮式汽车

图 3-4　履带式汽车

行驶系统中直接与路面接触的部分既有车轮又有履带的汽车称为半履带式汽车，如图 3-5 所示。

前后桥既可装车轮，也可装履带，称为车轮-履带式，如图 3-6 所示。

图 3-5　半履带式汽车

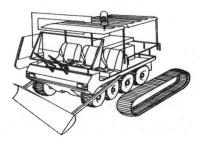

图 3-6　车轮-履带式汽车

三、车架

汽车车架俗称"大梁"，其上装有发动机、变速器、传动轴、前后桥、车身等总成和部件。

车架的作用是支撑、连接汽车的各总成，使各总成保持相对正确的位置，并承受汽车内外的各种载荷。车架通过悬架装置安装在车轮上。

车架按其结构形式可分为边梁式车架（应用最广泛）、中梁式车架（或称脊骨式车架）、综合式车架（边梁式车架＋中梁式车架）。有的客车和轿车为了减小质量，取消了车架，制成了能够承受各种载荷的承载式车身（或称无梁式车身）。

1．边梁式车架

边梁式车架由两根位于两边的纵梁和若干根横梁组成，用铆接法或焊接法将纵梁与横梁连接成坚固的刚性构架，如图 3-7 所示。纵梁多采用抗弯能力较强的槽型截面，也有采用 Z 字形或箱形等截面形状的，因纵梁中部所受弯曲力矩最大，所以中部截面宽，由中部至两端逐渐减少，构成等强度梁。因为生产工艺条件的限制，也有将纵梁做成等截面的。为了满足汽车结构布置的要求，纵梁可在上下及左右方向做成弯曲的。为了满足固定转向器、钢板弹簧、蓄电池等的需要，在纵梁上要打出相应的安装孔。

采用 X 形高截面的横梁（见图 3-8），可以提高车架的扭转刚度，对于短而宽的车架，这个效果尤为显著，所以 X 形横梁一般只用于轿车车架。

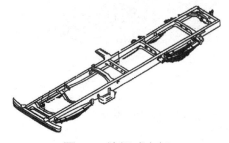

图 3-7　边梁式车架

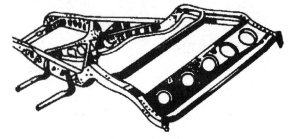

图 3-8　采用 X 形高截面的横梁

2．中梁式车架

中梁式车架只有一根位于中央并贯穿前后的纵梁，因此也称为脊梁式车架，如图 3-9 所示。中梁式车架重量轻、重心低、行驶稳定性好，其结构使车轮跳动空间比较大，车架刚度和强度较大，便于采用独立悬架系统。中梁还对传动轴有防尘作用。但这种车架制造工艺复杂，精度要求高，维护保养不方便。另外，横梁是悬臂梁，弯矩大，易在根部损坏。

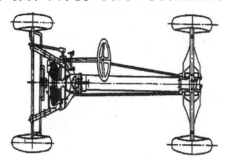

图 3-9　中梁式车架

3．综合式车架

车架前部是边梁式，而后部是中梁式，这种车架称为综合式车架（复合式车架），如图 3-10 所示。它同时具有中梁式和边梁式车架的特点。

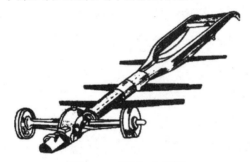

图 3-10　综合式车架

4．承载式车身

大多数轿车和部分大型客车取消了车架，而以车身兼代车架的作用，即将所有部件固定在车身上，所有的力也由车身来承受，这种车身称为承载式车身，如图 3-11 所示。

图 3-11　承载式车身

承载式车身由于无车架，可以减轻整车质量。客车采用这种结构可以使地板高度降低，使乘客上、下车方便。

三、车桥

车桥（车轴）通过悬架与车架（或承载式车身）相连接，两端安装车轮。车架所受的垂直载荷通过车桥传到车轮；车轮上的滚动阻力，驱动力，制动力和侧向力及其弯矩、转矩又通过车桥传递给悬架和车架。

根据悬架的结构形式，车桥可分为整体式和断开式两种。

断开式车桥采用活动关节式结构，它与独立悬架配合使用；整体式车桥的中部是一个整体的刚性实心或空心梁（轴），它多与非独立悬架配合使用。大部分现代轿车左右车轮之间实际上没有车桥，而是通过各自的悬架与车架相连接，习惯上人们仍将它们称为断开式车桥。

按照车桥上车轮的运动方式和作用，车桥可分为转向桥、驱动桥、转向驱动桥和支持桥4种类型。其中，转向桥和支持桥都属于从动桥；一般汽车的前桥多为转向桥，后桥或中、后两桥多为驱动桥；越野汽车和一些轿车的前桥既是转向桥又是驱动桥，故称为转向驱动桥；某些单桥驱动的三轴汽车（6×2汽车）的中桥或后桥为支持桥，挂车上的车桥都是支持桥。

1. 整体式转向桥

整体式转向桥如图3-12所示。

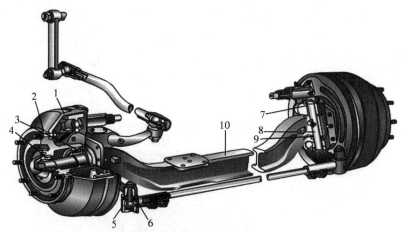

1—制动鼓；2—轮毂；3、4—轮毂轴承；5—转向球头销；6—油封；
7—衬套；8—主销；9—止推轴承；10—前轴

图3-12 整体式转向桥

由图3-12可知，轮毂外端的接合盘与车轮用螺栓连接，其内端是制动鼓。轮毂轴承

通过润滑脂润滑。为防止润滑脂侵入制动鼓，影响制动功能，在内端轴承内侧装有油封。外轴承外端装有轮毂盖，防止灰尘进入。

前梁工作时主要承受垂直弯矩，前梁采用工字形截面，以提高前梁的抗弯强度，同时可以减轻质量。前梁工作时除了承受弯矩还要承受扭矩，因此从弹簧处向外逐渐由工字形截面过渡到方形截面，以提高其扭转刚度，同时保持截面强度相等。

如图 3-13 所示，转向节左右各有一个，其上两耳部有通孔，通过主销分别将前梁两端连接起来。转向节通过滚锥轴承与轮毂连接，使车轮绕主销偏转，从而实现汽车转向。在转向节内端两耳部通孔内压入青铜衬套，销孔端部用盖封住，并通过转向节上的黄油嘴注入润滑脂润滑。下耳与前梁拳部之间装有止推轴承，减少转向阻力。上耳与前梁拳部之间装有调整垫片，以调整转向节叉的轴向间隙。靠近转向节拳耳部有一方形凸缘，用以固定制动底板。左转向节两耳上端的锥形孔用来安装转向节上臂，下端的锥形孔分别用来安装左右转向节臂。为使转向灵活，转向节下拳耳与前梁拳部之间装有止推轴承。

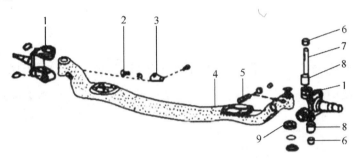

1—转向节；2—转向节固定螺栓；3—转向节固定器；4—前梁；
5—主销固定螺栓；6—螺塞；7—主销；8—衬套；9—轴承

图 3-13 转向桥的结构

2. 断开式转向桥

断开式转向桥的作用和非断开式转向桥一样，不同的是断开式转向桥与独立悬架匹配，为活动关节式结构。断开式转向桥如图 3-14 所示。

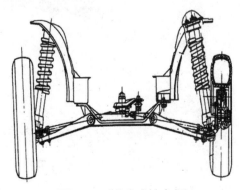

图 3-14 断开式转向桥

3．转向驱动桥

许多轿车和全轮驱动越野车的前桥既是转向桥又是驱动桥，称为转向驱动桥。转向驱动桥主要由主减速器、差速器、万向节、转向节、主销等组成，如图 3-15 所示。

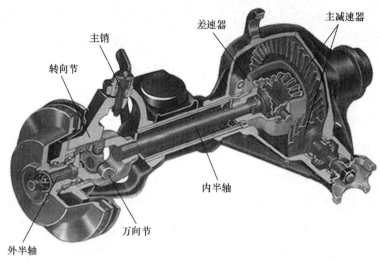

图 3-15　转向驱动桥

4．支持桥

转向桥和支持桥都属于从动桥，支持桥是起支撑车架或车身作用的车桥。发动机前置前驱动轿车的后桥就属于支持桥。支持桥主要由横拉杆、稳定杆、减震器等组成，结构如图 3-16 所示。

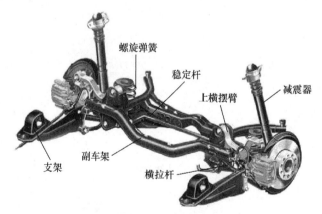

图 3-16　支持桥

四、车轮与轮胎

车轮与轮胎对汽车行驶性能有很重要的作用。它们的作用主要是支撑汽车车体重量，缓和由于路面不平引起的冲击力，接受和传递制动力和驱动力，轮胎具有抵抗侧滑和自动回正的能力，使汽车正常转向，保持汽车直线行驶。

1. 车轮

车轮是介于轮胎和车轴之间承受负荷的旋转组件，主要由轮辋、轮辐和轮毂组成。轮辋用于安装轮胎，轮辐是介于车轴和轮辋之间的支撑部分。

按轮辐的构造，车轮可分为辐板式和辐条式两种。

（1）辐板式车轮。目前汽车上普遍采用辐板式车轮，它的特点是将轮辋和轮辐铸成一体，优点是质量轻、尺寸精度高，并且某种程度上可明显改善车轮的空气动力学特性，从而可以降低一部分汽车油耗，如图 3-17 所示。

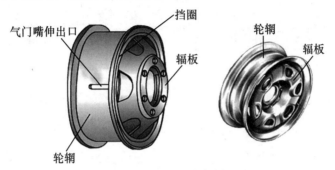

图 3-17　辐板式车轮

（2）辐条式车轮。辐条式车轮的特点是以钢丝辐条或铸造辐条为轮辐，如图 3-18 所示。现代汽车的轮辐多种多样，与汽车造型融为一个整体，对整车起到了很好的装饰作用。采用辐条式轮辐，也有利于制动器的散热。

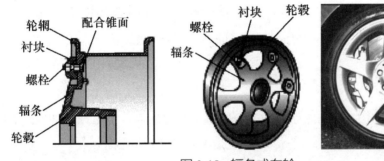

图 3-18　辐条式车轮

2. 轮辋

轮辋俗称轮圈，是车轮周边安装轮胎的部件。轮辋可以分为以下几类。

（1）深槽轮辋，用于轿车和轻型越野车，如图 3-19（a）和图 3-20（a）所示。这种轮辋是整体的，其截面中部为一深凹槽，主要用于轿车及轻型越野汽车。它有带肩的凸缘，用以安放外胎的胎圈，其肩部通常略向中间倾斜，倾斜角一般是（5±1）°。倾斜部分的最大直径即轮胎胎圈与轮辋的名义直径。

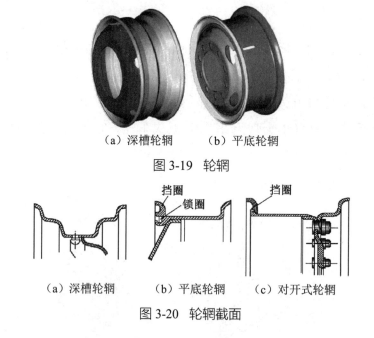

（a）深槽轮辋　　（b）平底轮辋

图 3-19　轮辋

（a）深槽轮辋　　（b）平底轮辋　　（c）对开式轮辋

图 3-20　轮辋截面

（2）平底轮辋，用于中型货车，如图 3-19（b）和图 3-20（b）所示。这种轮辋的结构形式很多，在我国主要是货车常用这种轮辋。其挡圈是整体的，用一个开口弹性锁圈来防止挡圈脱出。在安装轮胎时，先将轮胎套在轮辋上，而后套上挡圈，并将它向内推，直至越过轮辋上的环形槽，再将开口的弹性锁圈嵌入环形槽中。

（3）对开式轮辋，用于中重型越野车，如图 3-20（c）所示。这种轮辋由内、外两部分组成，其内、外轮辋的宽度可以相等，也可以不等，两者用螺栓连成一体。拆装轮胎时，拆卸螺母即可，挡圈是可拆的。有的无挡圈，而由与内轮辋制成一体的轮缘代替挡圈，内轮辋与辐板焊接在一起。

3．轮胎

轮胎总成安装在轮辋上，直接与路面接触。轮胎作为汽车与道路之间力的支撑和传递部分，它的性能对汽车行驶性能影响很大。轮胎的性能与其结构、材料、气压、花纹等因素有关。

1）作用

① 汽车行驶在不平整的路面上时，轮胎与悬架共同吸收汽车行驶中受到的冲击和震动，并衰减由此而产生的震动，以确保汽车具有良好的乘坐舒适性和行驶平顺性。

② 支撑汽车自重和负荷，对路面传递驱动力、制动力和侧向力。

③ 对路面有良好的附着性，以提高汽车的牵引性、制动性和通过性。

2）轮胎的结构和类型

（1）轮胎的构造。轮胎由胎冠、胎肩、胎侧、胎圈、胎面、缓冲层、胎体组成，如图 3-21 所示。

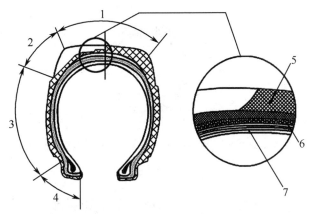

1—胎冠；2—胎肩；3—胎侧；4—胎圈；5—胎面；6—缓冲层；7—胎体

图 3-21　轮胎的结构

① 胎冠是外胎两胎肩之间的整个部位，包括胎面、缓冲层（或带束层）和胎体（帘布层）等。这是汽车在行驶时与地面相接的主要部件。

② 胎肩是轮胎的肩膀部分，具有保护胎体的使命。

③ 胎侧是行驶时曲挠最严重的部分，在此处印有轮胎规格、制造商和花纹等。

④ 胎圈固定胎体帘线的两端，由高碳素钢丝构成。

⑤ 胎面是轮胎与路面接触的部分，它在保护胎体的同时，还具有良好的耐磨性、耐刺穿性。

⑥ 缓冲层（带束层）是子午线构造的胎面与胎体之间沿圆周展开的补强带，主要使用钢丝帘线制作。

⑦ 胎体（帘布层）是构成轮胎骨架的覆胶帘线部分。

（2）轮胎的类型。

汽车轮胎按胎体结构不同可分为充气轮胎和实心轮胎。现代汽车绝大多数采用充气轮胎。

充气轮胎按组成结构不同，又分为有内胎轮胎和无内胎轮胎两种。

充气轮胎按胎体中帘线排列的方向不同，还可分为普通斜交胎和子午线胎。

① 有内胎轮胎。汽车上常用的是有内胎的充气轮胎，它由内胎、外胎和垫带组成。内胎中充满着空气；外胎是坚硬而富有弹性的外壳，用以保护内胎使其不受外来损害；垫带放在内胎与轮辋之间，以防止内胎被轮辋及外胎的胎圈擦伤。有内胎的充气轮胎如图 3-22 所示。

② 无内胎轮胎。无内胎轮胎俗称真空胎，如图 3-23 所示。

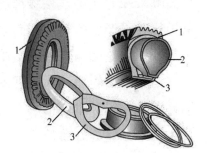

1—外胎；2—内胎；3—垫带

图 3-22　有内胎的充气轮胎

1—橡胶密封层；2—自粘层；3—槽纹；4—轮辋；5—气门嘴

图 3-23　无内胎轮胎

③ 普通斜交轮胎。普通斜交轮胎的特点是帘布层和缓冲层的各相邻层帘线交叉排列，各层帘线与胎冠中心线成 35°～40°的交角，因而叫斜交轮胎，如图 3-24 所示。

帘布层是外胎的骨架，用以保持外胎的形状和尺寸，通常由成双数的多层帘布用橡胶贴合而成。相邻层帘线相交排列。帘布层数越多，强度越大，但弹性会降低。在外胎表面上注有帘布层层数。在帘布层与胎面之间为缓冲层，该层可缓和汽车行驶的冲击载荷，并防止汽车在紧急制动时胎面与帘布层脱离。

④ 子午线轮胎。轮胎的帘线与胎面中心线成 90°或接近 90°角排列，帘线分布如地球的子午线，因而称为子午线轮胎，如图 3-25 所示。

图 3-24　普通斜交轮胎

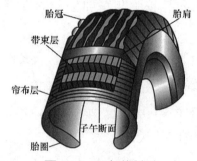

图 3-25　子午线轮胎

帘线的这种排列方式，使帘线的强度得到了充分利用，子午线轮胎的帘布层数一般比普通斜交胎的少 40%～50%，胎体较柔软，弹性好。子午线轮胎采用了与胎面中心线夹角较小（10°～20°）的多层缓冲层，用强度较高、伸张力小的结构帘布或钢丝帘布制造，可以承担行驶时产生的较大切向力。

子午线轮胎与普通斜交胎相比有如下所述的优点。

第一，节约燃料。胎冠较厚且有坚硬的带束层，不易刺穿；在恶劣条件下行驶，轮胎不易爆破；行驶时变形小，可降低油耗 3%～8%。

第二，使用寿命长。子午线轮胎胎面宽，与地面接触面积大，单位压力小，滚动阻力小，附着性能好，胎面滑移量小，因而减少了胎面磨损，延长了使用寿命。

第三，安全性能好。由于子午线轮胎本身结构的特点，在其高速旋转时，产生驻波的

临界速度比斜交胎高，提高了行驶中的安全性。

第四，负荷大、散热好。因为帘布层数少，胎侧薄，所以散热性能好；径向弹性大，缓冲性能好，附着性能高，负荷能力较大。

第五，在承受侧向力时，接地面积基本不变，故在转向行驶和高速行驶时稳定性好。

3）轮胎的气压

按胎内空气压力的大小，充气轮胎可分为高压胎、低压胎和超低压胎 3 种。

每种汽车的轮胎气压是不一样的，轮胎胎压及承重要求可以在驾驶员一侧的车门上、油箱盖上、副驾驶座一侧的储物盒的盖子上，以及在汽车的用户手册上找到，如图 3-26 所示。

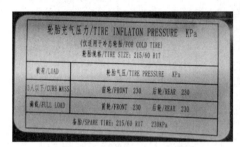

图 3-26 轮胎胎压及承重要求

4）轮胎花纹

轮胎胎冠用耐磨橡胶制成，它直接与路面接触，承受全部载荷。为使轮胎具有良好的地面附着性能，在胎面上制有各样的花纹，有普通花纹、越野花纹、混合花纹、拱形胎花纹、低压特种花纹等，如图 3-27 所示。

普通花纹　　　　越野花纹　　　　混合花纹

拱形胎花纹　　　　低压特种花纹

图 3-27 轮胎花纹

① 普通花纹：花纹细而浅，花纹块接地面积大，耐磨性、附着性较好，但抗滑能力差，适用于较平整的硬路面。

② 越野花纹：凹部深而宽，汽车在软路面上行驶时轮胎与地面的附着性好，越野能力强，抗滑能力好，适用于矿山、建筑工地及一些软路面。

③ 混合花纹：介于上述两种花纹之间，兼顾两者的使用要求，中部为菱形、锯齿形或烟斗形花纹，两边为横向越野花纹，适用于在城市、乡村之间的路面上行驶的汽车轮胎。

5）轮胎的标志

轮胎标志是指按国家标准规定，在外胎的两侧标出的生产编号、制造厂商标、尺寸规格、层级、最大负荷和相应气压、胎体帘布汉语拼音代号、安装要求和行驶方向记号等。

充气轮胎习惯用英制表示，但欧洲国家常用公制，个别国家也有用字母作为代号来表示轮胎规格尺寸。我国充气轮胎规格表示方法采用英制，如图 3-28 所示。

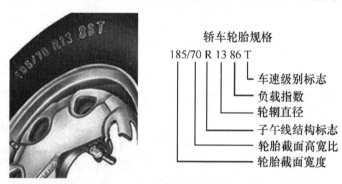

图 3-28　我国充气轮胎规格标记表示方法

轮胎截面宽度和高宽比（扁平比）是描述轮胎尺寸的两个重要指标。

轮胎截面宽度是指轮胎按规定充气后，两外侧之间的最大距离。轮胎截面高度是指轮胎充气后，轮胎外径与轮胎内径之差的一半，如图 3-29 所示。轮胎高宽比（H/B）是指轮胎截面高度 H 与截面宽度 B 的比值，以百分比表示（$H/B \times 100\%$）。$H/B \times 100\%$ 又称扁平率，轮胎高宽比的取值一般是 5 的倍数，如轿车子午线轮胎的高宽比有 60、65、70、75、80 等系列。

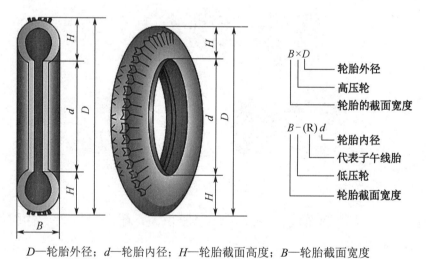

D—轮胎外径；d—轮胎内径；H—轮胎截面高度；B—轮胎截面宽度

图 3-29　轮胎的系数

由于汽车轮胎的主要成分是橡胶，因此无论是哪种品牌的轮胎都无法逃脱老化的命运，一般我们的汽车轮胎老化期定为四年左右。而且汽车轮胎老化是从出厂后就开始计算的，无论我们是否正常使用，即便我们放在库房里面都无法遏制汽车轮胎的老化，所以说轮胎的生产日期是很重要的参考依据。

与汽车生产日期一样，其实轮胎的生产日期会在轮胎外侧标注出来，如图 3-30 所示。先在胎侧找到 DOT，然后从 DOT 的最后四位数我们就可以看出轮胎的生产日期，而这四位数字是以"AABB"的形式组成的，"AA"表示对应年份的第几周，而"BB"则是代表生产的年份。

从图 3-30 可以看出 DOT 后面为"3513"，表示这款轮胎是在 2013 年第 35 周生产的，其英文 DOT 表示美国交通部认证，OCWC 表示轮胎产地，05BX 表示工厂代码。当在 DOT 后面找不到生产日期时，有可能在轮胎的另外一侧；而如果连 DOT 都找不到时，可能是轮胎装反了，将生产日期装在轮胎内侧，所以就看不到。

图 3-30 轮胎生产日期

一般轮胎的使用年限为 3～5 年，但单凭生产日期来决定轮胎的使用寿命则过于草率，应结合轮胎的一些具体情况进行判断。首先，最显而易见的现象就是轮胎上出现许多细小的裂纹，我们也可以称它为轮胎龟裂。其不仅对乘坐的舒适程度有所影响，而且还会造成轮胎的抓地性能严重下滑，那么在行驶的时候就存在一定的危险了，所以应及时将其更换掉。

其次，如果感觉轮胎比以前硬了不少的话，很可能也是因为轮胎已经老化得差不多了，特别是在炎热的天气，会加剧橡胶制品硬化。当轮胎出现这种现象也是需要更换的，否则存在爆胎的风险。

当然，光看轮胎老化程度肯定是不够的。特别是经常使用的车辆，需要定期观察轮胎的磨损程度，而几乎每个轮胎都会设置一个磨损标记。一般轿车轮胎的磨损标记高度为 1.6mm，载重轮胎上的磨损标记高度为 2.4mm。如果发现磨损标记和胎面一样齐的话，就说明轮胎已经磨损得差不多了，应及时将其更换。

6）轮胎选用原则

轮胎是汽车最重要的安全部件，它的正确选用对汽车性能有着直接的影响。

（1）轮胎类型的选择。轮胎类型主要根据汽车类型和行驶条件来选择。货车普遍采用

高强度尼龙帘布轮胎，以提高轮胎承载能力；越野车选用胎面宽、直径较大的超低压胎；轿车宜采用直径较小的宽轮辋低压胎的轮胎，首选子午线轮胎。

（2）轮胎花纹的选择。轮胎花纹主要是根据道路条件、行车速度、道路远近来进行选择的。高速行驶汽车不宜采用加深花纹和横向花纹的轮胎，否则会因过分生热引起早期损坏。低速行驶汽车应采用加深花纹或超深花纹的轮胎，可提高轮胎使用寿命。

（3）轮胎尺寸和气压的选择。轮胎尺寸和气压主要是根据汽车承受载荷情况和行驶速度来选择的，所选轮胎承受的静负荷值应等于或接近轮胎的额定负荷。

7）轮胎的拆装

轮胎拆装机（扒胎机）如图 3-31 所示。

1—立柱；2—锁紧开关；3—六方杆；4—拆装头；5—卡爪；6—转盘；
7—立柱摆动脚踏；8—夹紧气缸脚踏；9—分离铲脚踏；10—转盘转向脚踏；
11—夹紧气缸；12—撬杠；13—橡胶垫；14—分离铲；15—辅助臂

图 3-31　轮胎拆装机

轮胎拆装机安全技术操作规程如下所述。

（1）使用前应清除轮胎拆装机上及附近妨碍作业的器具及杂物，并检查机器各部分是否正常。

（2）拆卸轮胎时先将轮胎内的气完全放净，去掉钢圈上所有的铅块。

（3）拆胎前，将轮胎放到轮胎挤压位置，反复转动轮胎并操作挤压臂使轮胎和钢圈彻底分离，挤压过程中应防止手、脚深入挤压臂内。

（4）轮胎搬上拆装台时应避免磕碰设备，踩下踏板锁住钢圈前，应确认卡盘和钢圈之间没有异物，不允许用手指探查钢圈是否放正。

（5）拆装轮胎前应用毛刷在轮胎内圈涂抹润滑液，禁止使用矿物油作润滑液。

（6）拆装轮胎过程中，用撬棍将轮胎边挑到拆装头上时，应注意撬棍的用力方向和力度，绝不允许将手深入撬开的缝隙中。轮胎边挑上拆装头取出撬棍后，才能踩下踏板使卡盘旋转，将轮胎扒出钢圈。

（7）轮胎充气前应首先确认轮胎气压表是否正常，充气时一定要注意观察压力表，以免轮胎过压造成人员伤害。

（8）每天工作结束时必须对机体及周边进行清洁，对转动部位注油润滑。

4．车轮动平衡

1）动平衡的意义

汽车的车轮是由轮胎、轮毂组成的一个整体，但由于制造上的原因，使这个整体各部分的质量分布不可能非常均匀。当汽车车轮高速旋转起来后，就会形成动不平衡状态，造成车辆在行驶中车轮抖动、方向盘震动的现象。

为了避免这种现象或是消除已经发生的这种现象，就要使车轮在动态情况下通过增加配重的方法，校正车轮各边缘部分的平衡。这个校正的过程就是人们常说的动平衡。

2）车轮动平衡机的工作原理

（1）车轮静平衡和车轮静不平衡。

车轮静平衡是一种理想的状态，要求车轮质心与其几何、旋转中心重合。简单的检验方法是：支起车轮，将轮轴调至水平，调整好轮毂轴承的松紧度，用手轻转车轮，待其自然停转，此时在车轮离地最低点做一个记号，重复试验多次，如果每次离地最低点相同，证明车轮存在静不平衡；如果每次试验自然停转位置各不相同，则证明车轮是静平衡。

在实际生活中，无论是新制造的还是使用中的车轮都存在车轮静不平衡和动不平衡问题，都需要利用车轮动平衡机对车轮不平衡质量及相位的大小进行测试，并对车轮不平衡点的不平衡量予以校准。

对于静不平衡车轮，其车轮质心与其几何、旋转中心不重合，车轮旋转过程中在不平衡点产生惯性离心力。如图3-32所示，现将车轮逆时针旋转360°分析各点惯性离心力的情况。假设车轮的几何中心、旋转中心为 O 点（坐标原点），不平衡点的坐标为（r，θ），r 是不平衡点的质量距车轮几何中心、旋转中心的距离，θ 为不平衡点与 x 轴的夹角，不平衡点质量为 m，车轮旋转角速度为 ω，车轮转速为 n，$\omega=2\pi n$，离心力的方向与车轮的切线垂直。从圆周运动离心力 $F=4\pi\times2m\times r\times n\times2$ 可以看出，离心力 F 与车轮转速 n、不平衡点的质量 m、不平衡点的质量距车轮的几何中心、旋转中心的距离 r 成正比。离心力 F 可分解为水平分力 $F_x=F\cos\theta$ 和垂直分力 $F_y=F\sin\theta$。在车轮旋转一周中，垂直分力

F_y 有两次落在通过车轮中心的垂线上，一次在 $\theta=90°$ 时，一次在 $\theta=270°$ 时，方向相反，均达到最大值，使车轮上下跳动，造成车轮摆振。水平分力 F_x 有两次落在通过车轮中心的水平线上，一次在 $\theta=0°$ 时，一次在 $\theta=180°$ 时，方向相反，均达到最大值，使车轮前后窜动，造成车轮摆振。当左、右轮的不平衡点的质量相互处于 180° 位置时，车轮摆振最为严重。

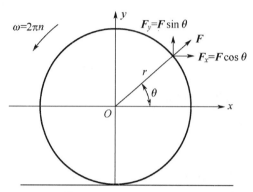

图 3-32 静不平衡车轮的惯性离心力分析

（2）车轮动不平衡。

静平衡的车轮在高速旋转时可能产生不平衡转矩，出现动不平衡，使车轮产生摆振。

如图 3-33 所示，在图 3.33（a）、（b）中心车轮的两平面内有两不平衡点，即作用半径（r）相同，相位（θ、$\theta+180°$）相反的两质点 m_1、m_2，车轮是静平衡的，当车轮旋转时，两质点产生的离心力形成力偶，使车轮处于动不平衡。如果车轮是转向轮，那么在力偶的作用下转向轮就会绕主销左右摆动。如果在 m_1、m_2 同一作用半径 r 的相反方向（$\theta+180°$、θ）上配上相同质量的 $m'_1=m_1$、$m'_2=m_2$，形成一个与 m_1、m_2 相反方向的平衡转矩，此时的车轮处于动平衡状态。经过以上分析可知：静平衡的车轮不一定是动平衡的，但动平衡的车轮一定是静平衡的。因此，国家对车轮要求必须进行动平衡检测，以确保车辆行驶安全。

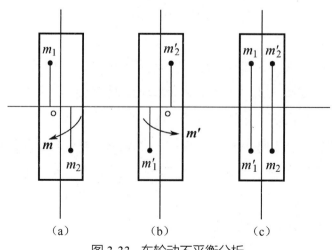

图 3-33 车轮动不平衡分析

3）车轮动平衡机作用

汽车动平衡机是测量旋转物体（转子）不平衡量大小和位置的机器。任何转子在围绕其轴线旋转时，都会由于相对于轴线的质量分布不均匀而产生离心力。这种不平衡离心力作用在转子轴承上会引起震动、产生噪声和加速轴承磨损，以致严重影响产品的性能和寿命。汽车传动轴、内燃机曲轴、汽轮机转子、陀螺转子和钟表摆轮等旋转零部件在制造过程中，都需要经过平衡才能平稳正常地运转。根据平衡机测出的数据对转子的不平衡量进行校正，可改善转子相对于轴线的质量分布，使转子旋转时产生的震动或作用于轴承上的震动力减小到允许的范围之内。因此，平衡机是减小震动、改善性能和提高质量必不可少的设备。

如果轮胎在滚动时不是平衡状态，驾驶员是能感觉到的，最主要的感觉就是车轮会有规律地跳动，反映到车内就是方向盘抖，虽然方向盘抖动这个现象也可能是其他因素造成的，但还是建议遇到方向盘抖时先检查动平衡。

五、前轮定位

为了保证汽车转向操纵轻便、行驶稳定，前轮应具有自动回正的功能，即汽车的前轮安装要有一定的角度位置要求，也就是通常说的汽车前轮定位。前轮定位包括前轮前束、前轮外倾角、主销后倾角、主销内倾角。

1. 前轮前束

前轮安装时，同一轴两端车轮的旋转平面不平行，前端略向内束，这种现象称为前轮前束，如图 3-34 所示左右轮的后方距离 A 与前方距离 B 之差被称为前束值（$A-B$）。当 $A-B>0$ 时，前束值为正，反之则为负。

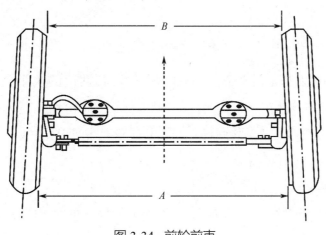

图 3-34　前轮前束

前轮有了外倾角后，在滚动时类似于滚锥。两侧车轮有向外滚开的趋势，由于车桥和

转向横拉杆的约束，两前轮在向外侧滚动的同时向内侧滑动，其结果使车轮磨损加剧。前轮前束的作用就是使锥体重心前移，消除车轮外倾带来的这种不良后果。因此，前束与外倾相互关联，属性相同的成对出现。前轮前束可通过改变横拉杆的长度来调整，使两轮的前后距离差值符合规定要求，一般此值为 0~12mm。由于有的外倾角为负值，而前束是为了协调外倾的不良后果，因此有些车可能出现负前束值。

前轮前束值采用平地推车法测量。具体操作过程是：将汽车停在平坦的地面上，在两转向轮轮胎后面高度的 1/2 处分别做标记，测量两标记之间的距离，然后推动汽车前进，使两转向轮转动 180°，即把标记转到两转向轮轮胎前面高度的 1/2 处，再测量两标记之间的距离；两次测量所得距离之差，即为转向轮的前束值；再推动汽车前进，使转向轮转动90°，然后再按上述方法测量转向轮的前束值；取两次测量结果的平均值作为该车转向轮的实际前束，也可以在轮胎上多取几个点进行测量以消除各种因素的影响而得出比较准确的前束值。

转向轮前束的调整是通过改变转向横拉杆的长度来实现的。横拉杆伸长，前束值增大；横拉杆缩短，前束值减小。

转向轮前束的调整步骤：旋松转向横拉杆两端接头的锁紧螺栓，为了看清横拉杆转动的圈数，最好用粉笔在横拉杆及接头上做一个记号；用管钳扭转横拉杆，使其伸长或缩短；调整合适后，拧紧横拉杆两端接头的锁紧螺栓，如图 3-35 所示。

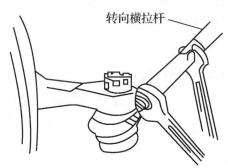

图 3-35 调整转向轮前束

必须注意，前轮前束与前轮外倾是同时存在的，其数值的大小是相互匹配的。前轮存在外倾角则必须有前束。若外倾角为 0，则前束为 0；前轮外倾角为负值，则前束值也是负值（前大后小）。其作用是车辆行驶时，防止车轮有侧滑的现象，侧滑既增加油耗，又增加轮胎磨损。

2. 前轮外倾角

如图 3-36 所示，当汽车水平停放时，在汽车的横向垂面内，车轮平面与地面垂线的夹角为前轮外倾角。如果空车时车轮正好垂直于路面，则满载时车桥因承载变形可能出现车轮内倾，这样将加速轮胎的偏磨损。另外，路面对车轮的垂直反力沿轮毂的轴向分力将使轮毂压向外端的小轴承，加重了外端小轴承及轮毂紧固螺母的负荷，降低了它们的使用寿命。因此，前轮要有一个外倾角，但是外倾角也不宜过大，外倾角一般为1°左右，较大时，对汽车的安全性和操纵性有利，但过大会导致轮胎横向偏磨损，增加油耗。

3. 主销后倾角

当汽车水平停放时，前轮转向节主销的轴线并不与地面垂直，而是上端向后倾斜，与垂线成一个角度γ，其被称为主销后倾角。

如图 3-37 所示，当主销具有后倾角时，主销轴线与路面交点 *A* 位于车轮与路面接触点的前面。当汽车直线行驶时，若转向轮偶然受到外力作用而稍有偏转［例如，向右偏转，如图 3-37（b）中箭头所示］，将使汽车行驶方向向右偏离。这时，由于汽车本身离心力的作用，在车轮与路面接触点 *B* 处，路面对车轮作用着一个侧向反作用力 *Y*。

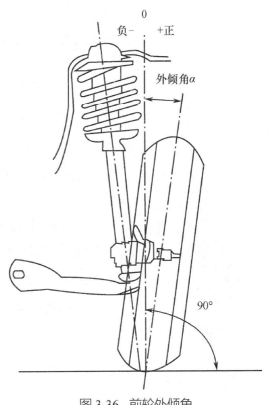

图 3-36 前轮外倾角

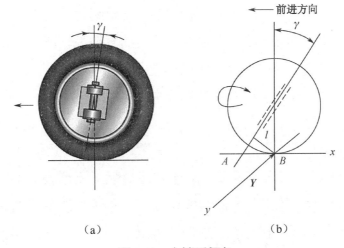

（a）　　　　　　　　（b）

图 3-37 主销后倾角

反作用力 *Y* 对车轮形成绕主销轴线作用的力矩 *Yl*，其方向正好与车轮偏转方向相反。在此力矩作用下，将使车轮回复到原来的中间位置，从而保证汽车能稳定地直线行驶，故此力矩称为稳定力矩（回正力矩）。但此力矩也不宜过大，否则在转向时为了克服此稳定力矩，驾驶员须在转向盘上施加较大的力（所谓转向沉重）。因稳定力矩的大小取决于力臂 *l* 的数值，而力臂又取决于后倾角的大小，因此为了使转向不沉重，主销后倾角γ不

宜过大，一般采用不超过 2°～3° 的后倾角。现代汽车由于轮胎气压降低、弹性增加，引起稳定力矩增加，主销后倾角可以减小至接近于零，甚至为负值。

4．主销内倾角

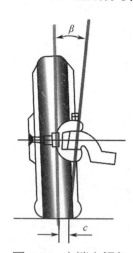

图 3-38　主销内倾角

主销内倾是指主销装在前轴略向内倾斜一定的角度，此角度叫主销内倾角，如图 3-38 所示。它的作用是使前轮自动回正。当前轮转向时，前轮接地中心点以主销轴线为中心转动，实际上是连车轮及汽车前部向上抬高了。而汽车的重力又试图使车轮回到以前的位置，使转向轮有保持汽车一直向前行驶的稳定性。

主销内倾角的角度越大车速越高，稳定性越好，前轮自动回正的作用就越强烈，但转向时也越费力，轮胎磨损增大；反之，角度越小前轮自动回正的作用就越弱，因此主销内倾角在 2°～3° 为宜。

主销内倾角和主销后倾角共同使汽车转向盘在转向后有自动回正的能力。

六、车轮定位

1．车轮定位的重要性

四轮定位从字面上看就是给四个轮子做定位，它到底起了什么作用呢？其实在汽车出厂时，为了提高汽车行驶的安全性、平顺性和乘坐的舒适性，汽车研发部门就设计了车轮定位角。正确的车轮定位可以保证汽车转向轻便，转向后能自动回正，并在汽车转向时、急剧改变车速时和高速行驶时，以及在坏路行驶或紧急制动时能保证行驶方向的稳定性，使人在操作车辆时能稳定、准确，路面震动小，保证在坏路上行驶时车身没有明显摇摆，乘车舒适，轮胎寿命延长。

汽车行驶一段时间后，由于各种原因，会出现轮胎异常磨损、零件磨损加快、方向盘发沉、车辆跑偏、油耗增加等现象，而这些现象都是车辆性能下降的原因，要消除这些现象，确保车辆的稳定性能，最有效的方法就是做四轮定位，它不仅能确保汽车的正常行驶，还能延长轮胎的使用寿命，同时节省油耗。

2．车轮定位的优点

正确的车轮定位可以使系统中所有的部件都处于正常关系中，车轮定位的优点主要体现在以下几方面。

（1）延长轮胎的使用寿命。一组新的轮胎，可能会出现某一个轮胎使用不久就发生异常磨损的现象，有时发生在前轮，有时发生在后轮。在大多数情况下，轮胎的异常磨损，或跑长途时爆胎的原因是车轮定位不准确。

（2）保证操纵的稳定性。不正确的车轮定位可以加剧转向轮甚至整个转向系统的摆振，还会造成行驶跑偏、高速时转向发飘、左右牵引、车轮不能自动回正、路面的震动无法被有效地吸收等情况。正确的车轮定位则可以避免或排除上述故障。

（3）减少转向机械和悬架的磨损。由于不同的车轮定位角可以使汽车处于不同的平稳关系中，因此不正确的车轮定位角不仅会加剧车轮的磨损，而且会造成悬架和转向系统传动部分转动部件（如控制臂衬套、球头销、主销衬套等）的非正常磨损。

（4）提高燃油的经济性。所有的车轮定位角都是为了使车轮在行驶中尽可能地垂直于地面，最大限度减少车轮滑移，使车轮滚动阻力减少，提高燃油经济性而设定的。正确的车轮定位可以使 4 个车轮彼此平行，这样保证了最小的滚动阻力，再加上正确的轮胎充气，可确保提高燃油经济性。

（5）得到最佳的行驶平顺性。正确的车轮定位可以帮助前、后悬架更好地工作，使行驶系统、转向系统所有部件处在正确关系中，路面的震动被有效吸收，车辆行驶更平稳。

（6）确保安全驾驶。正确的车轮定位最大的好处就是保证安全驾驶。它可以确保车辆的可操作性、操作的稳定性，使其在正常行驶中的操纵响应正确、迅速。

3．需要做四轮定位的情况

（1）车辆的行驶性能受到了影响，即驾驶者感觉车辆跑偏或转动方向盘时不自动回轮。

（2）因事故造成了底盘及悬架的损伤。

（3）轮胎出现异常磨损。但也要考虑到是否是因胎压不正常才导致了异常磨损，一般情况下，胎压过高会加剧胎面中央的磨损，而胎压过低会加剧胎面两侧的磨损；如果一侧出现偏磨，则有可能是外倾角出现偏差。

（4）车桥及悬架的零件被拆下过。

4．四轮定位仪的分类

按照测试方式及原理不同，四轮定位仪基本上可分为拈线式、光学式、图像式。其中，光学式四轮定位仪按测试原理又分红外式四轮定位仪、激光式四轮定位仪、3D 式四轮定位仪、CCD 式四轮定位仪。其中，激光、3D 和 CCD 是目前市场上的三大主流产品，3D 式四轮定位仪是目前市场上最先进的四轮定位仪，测量方式先进，测量时间仅为传统定位仪的五分之一，已渐渐进入成熟阶段。

七、四轮转向

汽车的四轮转向系统从 20 世纪 80 年代中期开始发展，其主要目的是提高汽车在高速

行驶或在侧向风力作用时的操作稳定性，改善其在低速下的操纵轻便性，以及减小汽车在停车时的转弯半径。

四轮转向系统（4WS）是后轮与前轮一起转向的系统，是一种提高车辆反应性和稳定性的关键技术。后轮与前轮同相位转向，可以减小车辆转向时的旋转运动（横摆），改善高速行驶的稳定性。后轮与前轮逆相位转向，能够改善车辆在中低速行驶时的操纵性，提高其快速转向能力，如图 3-39 所示。

图 3-39　后轮与前轮逆向位转向

转向原理：从汽车转向的基本过程来看，无论采取怎样的转向形式，都是使汽车在转弯时产生重心的平移和绕着重心转动，这两种运动的结合促使汽车完成了转向的过程。当汽车方向盘的转角和车速都确定时，前轮转向汽车的行驶状态是单一的，而四轮转向汽车的行驶状态则会随着后轮与前轮之间的角度不同或相同而变得多种多样，这是两轮转向和四轮转向的根本差别所在，也是后者比前者优越的关键之处。汽车前轮在做转向时，会产生一个作用在前轮的侧向力，这时后轮也会产生一种离心力，这种作用力就会使车辆在垂直轴线方向上产生一个扭矩，增大了倾翻作用力使车辆不能稳定。而有四轮转向装置的汽车，前后轮会相互配合，减弱倾翻作用力，侧滑也会减少，从而保障了行车的安全。

四轮转向主要有两种方式：当后轮转向与前轮转向方向相同时称为同向位转向，当后轮转向与前轮转向方向相反时称为逆向位转向。

四轮转向系统有四个主要部件：前轮定位传感器、可转向的整体准双曲面后轴、电动机驱动的执行器及一个控制单元。

目前，安装在车辆上的四轮转向控制系统可以分成以下几类。

（1）横向加速度感应型四轮转向系统。横向加速度感应型四轮转向系统的结构是在前轮的动力转向器上再安装一个专用的控制阀，产生一个与横向加速度大致成比例、与前轮转向器阻力相平衡的油压，把该压力的油液送到后轮执行机构。

（2）电控前轮转角感应型四轮转向系统。在前轮转角感应型的四轮转向系统中，从油泵出来的油液直接流入电磁阀，车速传感器、转角传感器分别将车速和前轮转角信号输入

计算机。电磁阀按计算机指令，控制油液流入后轮执行机构。

（3）机械前轮转角感应型四轮转向系统。为了把前轮转角传给后轮，在前轮转向器的齿条轴上安装了后轮转向齿轮，其角位移通过中间传动轴传给后轮转向器。该系统的后轮具有小转角同向转向、大转角逆向转向的功能。该系统在微小转向的高速行驶时，形成了同向转向，获得了行驶稳定性；在大转角转向的极低速行驶时，变成逆向转向，获得了小半径转向性能。

（4）前轮转角比例感应型四轮转向系统。在动力传至后轮转向轴之前，该系统与前轮转角感应型的四轮转向基本相同，但后轮的执行机构由相位控制部分和动力补助部分构成。动力补助部分以油压为动力，由后轮滑阀和动力缸构成。相位控制部分能实现对后轮同相位或逆相位的控制。

 任务实施

轮胎拆装、动平衡及四轮定位

 一　轮胎拆卸步骤

（1）放净欲拆轮胎中的空气，清除轮胎表面异物，卸下平衡块，去除平衡块时应使用专用工具，此外要卸下气门帽和气门芯，润滑胎缘。

💡 **注意**

拆胎前，请先用毛刷蘸取润滑剂盒中事先放好的有效润滑剂，再润滑胎缘，否则在压胎时分离铲会磨损胎缘。

（2）将轮胎置于分离铲和橡胶垫之间，使分离铲边缘置于胎缘与轮辋之间，离轮辋边缘大约 1cm 处（见图 3-40），然后踩分离铲脚踏，使胎缘与轮辋分离。

（3）在轮胎其他部分重复以上操作，使胎缘与轮辋彻底分离，如图 3-41 所示。

图 3-40　分离铲放置位置

图 3-41　分离胎缘与轮辋

（4）把胎缘与轮辋已分离的车轮放在转盘上，注意轮辋正面朝上（对于不对称的深槽轮辋应将窄轮辋朝上放置），如图 3-42 所示。将夹紧气缸脚踏踩到底，夹紧轮辋。（此时可根据不同轮辋选择不同的夹紧方式，根据不同需求选择卡爪的不同位置。）

（5）在轮胎及轮辋边缘涂润滑剂。

（6）踩下立柱回位踏板，使立柱回位于工作位置（见图 3-43）。

图 3-42　将车轮放在转盘上

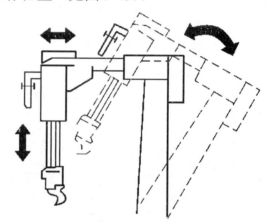

图 3-43　立柱回位

（7）调整六方杆的上下位置和四方横梁的前后位置，使拆装头紧靠轮辋外缘，然后按下锁紧开关（手柄上的按钮），以锁紧六方杆和四方横梁，这时拆装头内侧距离轮辋边缘 1～2mm，避免划伤轮辋（见图 3-44）。

（8）将臂端压块放于拆装头对面的轮胎上缘，然后下压升降杆使压块下压 5～6cm，踩下转盘转向脚踏，使工作台顺时针旋转，将轮胎压至轮毂中间（见图 3-45）。

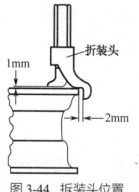

图 3-44　拆装头位置

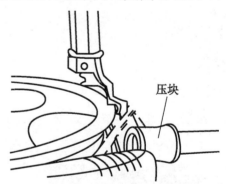

图 3-45　下压轮胎至轮毂中间

（9）用撬杠将胎缘撬在拆装头上（见图 3-46），撤出压块使其回位，撬棍不抽出，踩下工作盘旋转踏板，使工作台顺时针旋转，使轮胎上缘脱离轮辋（见图 3-47）。

（10）用同样的方法拆下轮胎下缘（见图 3-48），使轮胎与轮辋彻底分开。踩下立柱摆动脚踏，使立柱后仰（见图 3-49），然后踩下脚踏松开卡爪，取下轮胎与轮辋，拆胎完成。

图 3-46　用撬杠将胎缘撬在拆装头上

图 3-47　轮胎上缘脱离轮辋

图 3-48　拆下轮胎下缘

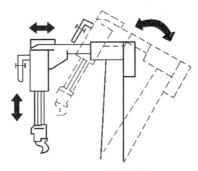

图 3-49　立柱后仰

三　轮胎安装步骤

（1）将轮辋放在拆胎机工作盘上并卡紧。

（2）在轮胎唇边涂上少许润滑剂，如图 3-50 所示。

（3）将轮胎下缘一部分套装在轮辋上，上胎时，用双手压胎肚（见图 3-51），两手之间的距离为 200mm 左右，当胎口处于最紧处时，用右肘用力压胎肚，同时左手顺时针推一下轮胎，踩下转盘转向脚踏，转动轮辋，使轮胎下缘安装在轮辋上。

图 3-50　给轮胎唇边涂润滑剂

图 3-51　双手压胎肚

（4）安装上胎缘，重新放好轮胎，调整好胎缘位置，再将压块置于拆装头顺时针方向约 20cm 的轮胎上缘，最后按下升降杆使压块下压 5～7cm，将胎缘压至轮槽以内（见图 3-52）。踩下转盘转向脚踏，让转盘顺时针转动。当还有 10～15cm 的轮胎未装入时，动作要放慢并注意观察轮胎的状态以免撕伤轮胎。

注意

一旦感到轮胎有撕伤的迹象或电动机停止转动，请立即松掉脚踏，然后用脚面抬脚踏使电动机反转，使轮胎恢复原状以便再次进行。

（5）用气压表按规定对轮胎进行充气（见图 3-53），充气时要一边充气一边观察，以免发生轮胎过压或其他异常情况造成人员伤害。

图 3-52 安装上胎缘

图 3-53 轮胎充气

提示

第一，胎顶橡胶好但软而薄的轮胎。用分离铲铲胎打滑时，可微抬一下分离铲脚踏，同时将轮胎往里推一下，确认铲口与胎口接触，然后用腿或手靠住，防止轮胎退回，再踩分离铲脚踏，这时较容易铲下轮胎。

第二，长时间使用的轮胎。轮胎长时间受内气压及轮胎与地面摩擦所产生的热，导致轮胎与钢圈黏合，分离铲很难铲下时，可先将洗洁精溶于水，用小刷在胎唇与钢圈处多刷一些溶液，待溶液渗进胎唇与钢圈缝隙后，再用分离铲铲下轮胎。

第三，胎口较硬的轮胎。扒胎时最好选用小车弹簧钢板和自制加长的撬棍，拆卸比较容易。

三、轮胎动平衡

（1）清除被测车轮上的泥土、石子，并拆卸旧平衡块（见图 3-54）。

（2）检查轮胎气压，要充至规定值。

（3）打开车轮平衡机电源开关，检查指示与控制装置的面板显示是否正确，如图 3-55所示。

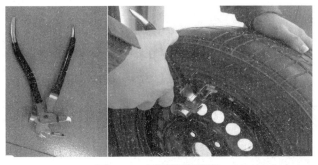

图 3-54 拆卸旧平衡块

图 3-55 车轮平衡机

（4）根据轮辋中心孔的大小选择锥体，仔细地装上车轮，用大螺距螺母上紧，如图 3-56 所示。

图 3-56 安装锥体

（5）安装快速螺母并旋紧，注意力度不能太大，如图 3-57 所示。

图 3-57 安装快速螺母

（6）用平衡机上的标尺测量轮辋边缘至机箱的距离 a，如图 3-58 所示。

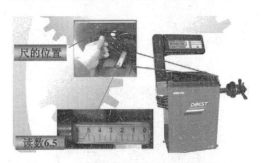

图 3-58 测量轮辋边缘至机箱的距离

（7）在动平衡机器面板上输入相对应的数值 a，如图 3-59 所示。

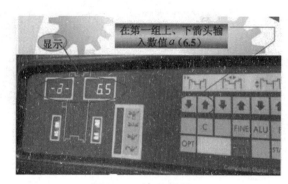

图 3-59 输入数值 a

（8）用卡尺卡住轮辋两侧并读取宽度 b，如图 3-60 所示。

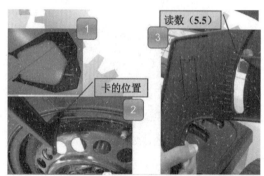

图 3-60 量取宽度 b

（9）在动平衡机器面板上输入轮辋宽度相对应的数值 b，如图 3-61 所示。

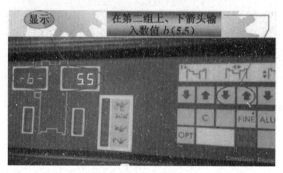

图 3-61 输入数值 b

（10）在轮胎侧面找出轮胎规格读数，如图 3-62 所示。如 215/60R17，R17 表示轮辋的直径为 17。

图 3-62 查询轮胎规格

（11）在动平衡机器面板上输入轮辋直径相对应的数值 *d*，如图 3-63 所示。

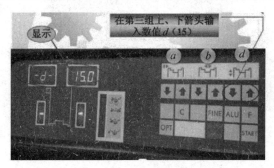

图 3-63 输入数值 *d*

（12）放下车轮防护罩，先推动车轮，再按下 STRAT 键，车轮旋转，平衡测试开始，设备自动采集数据，如图 3-64 所示。

图 3-64 开始平衡测试

（13）车轮自动停转或听到"嘀"声后按下停止键并操纵制动装置使车轮停转后，从指示装置读取车轮内、外不平衡量和不平衡位置数据，如图 3-65 所示。

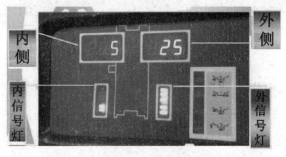

图 3-65 读取数值

（14）抬起车轮防护罩，用手慢慢转动车轮。当指示装置发出指示（如音响、指示灯亮、制动、显示点阵或显示检测数据等）时停止转动。在轮辋的外侧的上部（时钟 12 点位置）加装指示装置显示的该侧平衡块，如图 3-66 所示。

（15）参照外侧方法，在内侧加装相应的平衡块，如图 3-67 所示。

（16）对车轮再次进行平衡检测，直到不平衡量小于 5g（0.3oz），指示装置显示"00"或"OK"时才能结束，如图 3-68 所示。

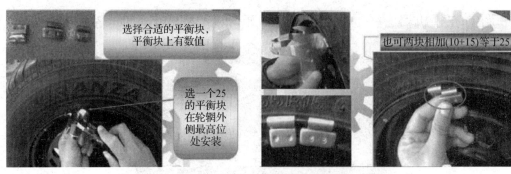

图 3-66 外侧加装平衡质量块

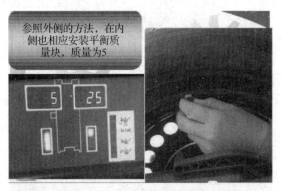

图 3-67 内侧加装平衡块

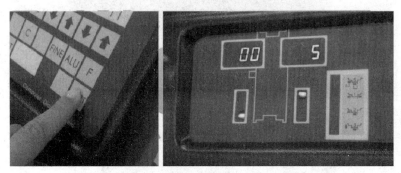

图 3-68 车轮平衡测试

（17）测试结束，关闭电源开关。

💡 小窍门

当不平衡量相差 10g 左右时，如能沿轮辋边缘前后移动平衡块一定角度，将可获得令人满意的效果。

四、车轮定位的操作步骤

（1）汽车驶入举升机，前轮至转盘中间位置，摆正方向轮，拉紧驻车制动器。举升车辆准备如图 3-69 所示。

（2）放置车轮挡块，松开驻车制动器，举升机升至检查高度。举升车辆如图 3-70 所示。

图 3-69 举升车辆准备

图 3-70 举升车辆

（3）将夹具和探测头安装在相应的车轮轮辋上（先挂下方两个卡爪，再旋紧螺杆，夹紧上方两个卡爪，并用橡胶护套固定），如图 3-71 所示。

（4）进入操作画面"主菜单"，用鼠标单击检测图标，进入所需界面，如图 3-72 所示。

图 3-71 安装探测头

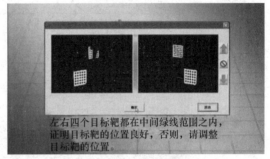

左右四个目标靶都在中间绿线范围之内，证明目标靶的位置良好，否则，请调整目标靶的位置。

图 3-72 操作界面

（5）填写车辆信息，单击"车型"，选择被测车辆的厂家、车型等信息，如图 3-73 所示。

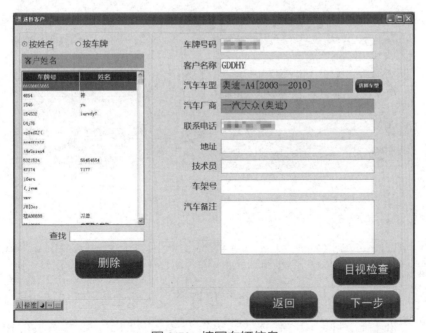

图 3-73 填写车辆信息

图 3-73 填写车辆信息（续）

（6）按屏幕提示，选择检测项目（必要时进行车轮偏心补偿调整）；将车轮挡块后移，推动车辆，操作结束后放回车轮挡块。车辆检测如图 3-74 所示。

图 3-74 车辆检测

（7）屏幕显示检测数据（红色为不合格），如图 3-75 所示。

（8）用脚制动杆固定刹车制动器，同时用垫块固定后轮（上述操作视情况而定），如图 3-76 所示。

（9）按屏幕提示，先"使方向处于直行位置至显示绿色"，然后"向左打方向 10°至显示绿色"，再"向右打方向 10°至显示绿色"，最后"摆正方向至显示绿色"，如图 3-77 所示。

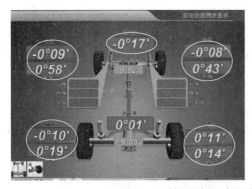

图 3-75　检测数据（图中有白色框的数据为红色）

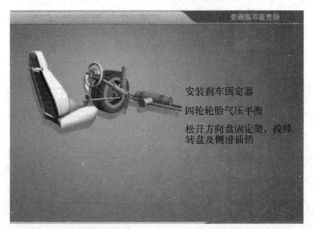

图 3-76　安装刹车固定器

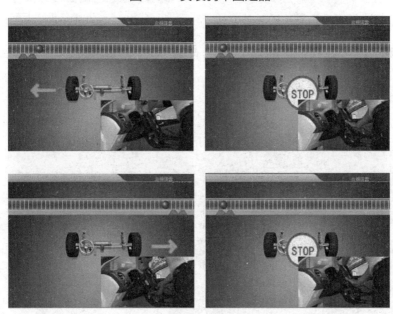

图 3-77　定位调整（图中箭头为绿色）

（10）屏幕显示检测数据（红色为不合格），如图 3-78 所示，将相应数据填入检测表格，同时根据该组数据判断本车定位是否合格，如何处理（调整步骤、调整部位、调整方向、零件是否需更换），在表格下有各种选项。

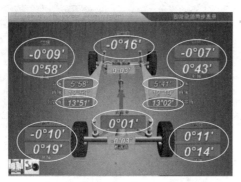

图 3-78 检测数据（图中有白色框的数据为红色）

（11）如需调整，摆正方向盘，用锁定杆锁定方向盘，如图 3-79 所示。

（12）根据测量结果进入调整界面（见图 3-80），然后对不合格的参数进行调整。

图 3-79 锁定方向盘   图 3-80 调整界面

（13）先调整后轮（外倾角、前束及推力角），后调整前轮（后倾角、内倾角、外倾角、轴距、前束）；调整时可对照显示屏数据，调整到数字变绿为合格，如图 3-81 所示。

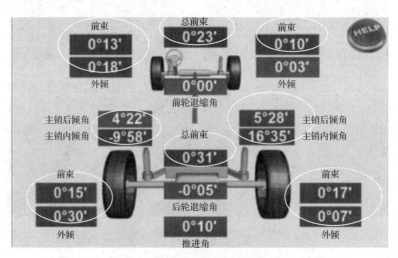

图 3-81 调整数据（图中有白色框的数据为红色）

（14）保存、打印调整数据（本步骤不需做）。

（15）拆下探测头及夹具，拆下方向盘锁定杆和脚制动杆；拉起驻车制动器。

（16）仪器退回至初始界面，检测调整结束。

（17）举升器降至地面。

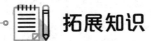 **素养与思政**

本任务要求分组训练，各小组必须按照规范的操作方式精确快速地进行检测与调整，力求将四轮定位的精度检测调整工作、轮胎安装工作、轮胎动平衡精度检查工作做到精益求精，弘扬大国工匠精神，在轮胎及减震器的更换时要及时了解相关的法律法规。各小组在实训过程中必须团结一致、相互合作学习，操作过程中注意安全，要求全程实现7S管理。

拓展知识

底盘改装

底盘的改装包括悬挂、轮胎、轮圈、避震、变速箱、刹车等。原装车的悬挂一般较软，是为了乘坐的舒适性。但是过软的悬挂会令车身在激烈过弯时侧倾过多、车身不稳，直接削弱车辆的转弯能力，严重的会使车辆失控。因此改装底盘必须强化悬挂和避震，专业的赛车改装都会选择硬度极高的避震，以此来增加赛车过弯的极限。

轮胎

车辆性能强大与否还得靠轮胎来表现。一般原车的轮胎配置基本是公路轮胎，讲究公路行驶的舒适性及转向操控性，但如果用于非铺装路面的行驶，比如泥地、碎石路等，那就不太合适了。这时候，全地形轮胎甚至泥地轮胎的优势就显现出来了，如图3-82所示。汽车换上这些轮胎，通过再复杂的地形或路面也不怕。

图3-82 轮胎

二、轮圈

很多人改轮圈是为了美观，但其实改轮圈的主要目的是减重和散热，也就是轻量化。铝合金或镁合金轮圈质量比钢铁轮圈轻，散热效果也更好，而且造型多变，还可以顺带提升车的颜值，如图 3-83 所示。改装轮圈时，要留意一个轮圈参数 ET 值，也叫偏距。这个数值的变动，会改变轮距，对驾驶造成影响。所以，改轮圈原则上是尽量维持 ET 值不变。

图 3-83　镁合金轮圈

三、避震器和弹簧

弹簧能够吸收来自地面的冲击和震动，避震器则能抑制弹簧反弹时的震动。行车的舒适性和安全性离不开它们之间的配合。改装避震器和弹簧时，更换行程长的避震器，或者加硬弹簧，能够提升车身的高度，使车辆的接近角、离去角、轮胎落差行程等加大，增强车辆的越野通过性能，使其能更轻松地应对崎岖不平的越野路况。避震器和弹簧如图 3-84所示。

图 3-84　避震器和弹簧

四、防倾杆

防倾杆的作用主要是抑制车身的侧倾，如图 3-85 所示。过弯时由于车辆左右悬挂行程不一致，很容易侧倾。所以，改装防倾杆就是为了提升车辆行驶的稳定性。不过防倾杆的选择一定要适宜，如果过轻，效果会不明显；如果过于粗壮，则车辆在进行较为激烈的越野操作时会有撕裂车身板件的隐患。

图 3-85　防倾杆

五、衬垫

底盘上的衬垫主要是用于悬挂、转向机构、避震器、弹簧等部件与车身的连接，一般采用橡胶材质，还能起到减噪和减震的作用，如图 3-86 所示。专业越野赛车手通常会使用金属衬垫，因为橡胶衬垫行驶过程中容易扭曲、变形，对转向及悬挂会有影响，有碍发挥，但金属衬垫能够将这种影响降到最低。

图 3-86　衬垫

对底盘进行改装过后，还有一个重要环节就是设定和调校。这个环节的目的是使改装部件性能能够充分发挥出来，比如加大轮胎后，关系到行车安全的胎压问题就要进行考虑了。

拓展训练

汽车行驶系统故障排除

一、汽车车身倾斜跑偏、有异响

1. 故障现象

（1）汽车停放在平坦的路面上，车身倾斜。

（2）汽车行驶时，自动跑偏且有异响。

2. 故障原因

（1）两前轮的气压不一致。

（2）两前轮轮胎磨损不一致。

（3）钢板弹簧折断（非独立悬架）。

（4）钢板弹簧弹力过小或刚度不一致（非独立悬架）。

（5）钢板弹簧销、衬套和吊耳磨损过甚（非独立悬架）。

（6）前后桥变形或骑马螺栓松动（非独立悬架）。

（7）螺旋弹簧弹力不足（独立悬架）。

（8）稳定杆变形（独立悬架）。

（9）上下摆臂变形（独立悬架）。

（10）各铰接点磨损、松旷（独立悬架）。

（11）减震器漏油或失效。

3. 故障诊断与排除

（1）将汽车停放在平坦的路面上检查。

① 检查两前轮轮胎气压是否一致，若不一致，应充气，使轮胎气压达到标准。

② 检查两前轮轮胎磨损是否一致，若不一致，则应更换磨损严重的轮胎。

③ 检查悬架弹簧是否折断或弹力减弱，若有折断或弹力减弱，应更换。

④ 测量前桥和后桥的左、右轮中心距是否相等，若不相等，说明悬架弹簧固定螺栓松动或折断造成移位，应紧固或更换。

（2）将车辆架起，使钢板弹簧处于自由状态，用撬棒在其吊耳处撬动钢板弹簧，如感觉松旷量很大，说明钢板销与衬套的配合间隙过大，应更换。

（3）检查减震器是否漏油或失效，如有漏油或失效，应更换。

（4）用手推拉检查横向稳定杆、转向拉杆、减震器上下端各连接部位，感觉是否有松旷现象，若松旷，说明各连接部位的橡胶套磨损过甚，应更换。

（5）检查悬架弹簧的效能。将车辆架起，使弹簧处于自由状态，测量钢板弹簧弧高或螺旋弹簧的伸长量，若有一侧相差过大，说明弹簧疲劳失效，应更换。

三、 轮胎磨损不均匀

1．故障现象

汽车行驶一段里程后，轮胎胎面出现磨损不均匀的现象。

2．故障原因

（1）轮胎气压不足或长时间超速、超载。

（2）轮胎气压过高。

（3）前轮外倾过大或过小。

（4）前轮前束不正确。

（5）车轮动不平衡。

（6）轮毂轴承松旷。

（7）轮辋变形。

（8）经常使用紧急制动或制动拖滞。

（9）轮胎未按规定换位。

3．故障诊断与排除

（1）若轮胎胎冠两肩磨损严重，如图 3-87 所示，说明轮胎长时间气压过低或超载，应按规定给轮胎充气和按规定装载。

（2）若轮胎胎冠中部磨损严重，如图 3-88 所示，说明轮胎长时间气压过高，应按规定调整轮胎气压。

图 3-87　胎肩磨损

图 3-88　胎冠中部磨损

（3）胎面干裂，多为轮胎充气不足或超速行驶所致。

（4）若轮胎胎冠外侧磨损严重，如图 3-89 所示，说明车轮外倾角过大，应调整。

（5）若轮胎胎冠内侧磨损严重，如图 3-90 所示，说明车轮外倾角过小，应调整。

图 3-89 胎冠外侧偏磨损

图 3-90 胎冠内侧偏磨损

（6）若轮胎胎冠出现由外侧向内侧或由内侧向外侧磨损，如图 3-91 和图 3-92 所示，说明车轮前束值过大或过小，应调整。

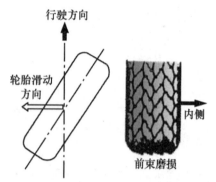

图 3-91 胎冠由外侧向内侧磨损

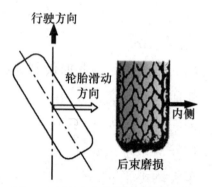

图 3-92 轮胎由内侧向外侧磨损

（7）如轮胎胎冠呈波浪形或碟边形磨损，如图 3-93 所示，说明车轮不平衡，轮毂轴承松旷，轮辋变形，经常使用制动或制动拖滞，应分别检查和维修。

图 3-93 胎冠呈波浪形或碟边形磨损

（8）如轮胎胎面出现扇形磨损，说明轮胎缺少换位。

三、车身发抖、摆振

1. 故障现象

汽车行驶中，在达到某一速度时，出现方向发抖、摆振。

2. 故障原因

（1）轮辋的钢圈螺栓松动。

（2）前悬架的螺栓（螺母）松动。

（3）前轮毂轴承磨损、松旷。

（4）车轮轮辋产生偏摆。

（5）车轮不平衡。

（6）下摆臂（梯形臂）的球头销（球接头）磨损或松动。

（7）转向横拉杆球头销磨损或松动。

（8）前轮定位角不正确。

3．故障诊断与排除

（1）检查轮辋的钢圈螺栓是否松动，若存在这种情况，则需要按规定力矩和顺序紧固钢圈螺栓。

（2）检查前悬架的螺栓（螺母）是否松动，若存在这种情况，则需要紧固转向节、前减震器及下摆臂（梯形臂）的紧固螺栓（螺母）。

（3）检查前轮毂轴承是否磨损、松旷，若有，应更换轴承。

（4）检查车轮轮辋是否产生偏摆，若有，则需要更换轮辋。

（5）检查车轮是否不平衡，若有，则需要用轮胎平衡仪进行车轮的平衡校正。

（6）检查下摆臂（梯形臂）的球头销（球接头）是否磨损或松动，若有，则需要更换球头销（球接头）。

（7）检查转向横拉杆球头销是否磨损或松动，若有，则需要更换球头销。

（8）检查前轮定位角是否不正确，若有，则需要用前轮定位仪检查和校正前轮的前束和外倾角。

 技能训练

要求：

1．用轮胎拆装机更换轮胎。

2．对更换后轮胎做动平衡。

3．对轿车进行四轮定位。

4．按照规范的工艺要求拆装、调整，注意安全，全程要求 7S 管理。

 悬架的构造与维修

任务 2

 知识目标

1．掌握悬架的构造及原理。

2．掌握减震器的构造与原理。

3. 掌握减震器的拆装维修方法。

能力目标

1. 能更换减震器。
2. 能更换各种弹性元件。

思政目标

1. 通过悬架拆装规范的操作，培养学生精益求精的工匠精神。
2. 通过学生小组合作学习，培养学生爱岗敬业、团结互助的价值观。
3. 通过轮胎更换，培养学生讲诚信、遵纪守法的价值观。

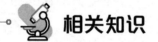

任务引入

赵先生从柳州开车去长沙出差，当汽车行驶 300km 后，发现汽车后尾有异响，开车去 4S 店检查，发现右边后悬架减震器变形，于是更换了螺旋弹簧与减震器总成。本任务主要介绍汽车悬架的构造、工作原理及检修等知识。

相关知识

一、悬架的作用

悬架是车架（或承载式车身）与车桥（或车轮）之间的所有传力连接装置的总称。

（1）缓和行驶中车辆受到的冲击力、减少震动，保证货物完好和人员舒适。

（2）衰减由于弹性系统引起的震动，使车轮按一定轨迹相对于车架或车身跳动，保持汽车行驶过程中稳定的状态，改善操纵稳定性。

（3）利用悬架中的辅助弹性元件——横向稳定器，防止车身在转向等行驶情况下发生过大的侧向倾斜，以保证汽车行驶平顺。

（4）把路面作用于车轮上的垂直反力、纵向反力和侧向反力及这些反力所造成的力矩传递到车架（或承载式车身）上，保证汽车可以正常行驶，即起传力作用。

二、悬架的组成

悬架由弹性元件、导向机构、减震器和横向稳定杆组成。弹性元件包括钢板弹簧、螺

旋弹簧、扭杆弹簧、油气弹簧、空气弹簧和橡胶弹簧。导向机构由控制摆臂式杆件组成，有单杆式和多连杆式两种。钢板弹簧作为弹性元件时，可不另设导向机构，它本身兼起导向作用。

三、悬架的类型

悬架可分为非独立悬架和独立悬架两类。

1．非独立悬架

非独立悬架的特点是：两侧车轮通过整体式车桥相连，车桥通过悬架与车架或车身相连。如果行驶中路面不平，一侧车轮被抬高，整体式车桥将迫使另一侧车轮产生运动，如图 3-94 所示。

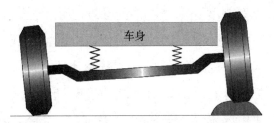

图 3-94　非独立悬架

（1）钢板弹簧式非独立悬架。

钢板弹簧被用作非独立悬架的弹性元件，由于它兼起导向机构的作用，使得悬架系统大为简化。如图 3-95 所示，这种悬架广泛用于货车的前、后悬架中。它中部用 U 形螺栓将钢板弹簧固定在车桥上。悬架前端为固定铰链，也叫死吊耳。它由钢板弹簧销钉将钢板弹簧前端卷耳部与钢板弹簧前支架连接在一起，为减少磨损，前端卷耳孔中装有衬套。后端卷耳通过钢板弹簧吊耳销和后端吊耳与吊耳架相连，后端可以自由摆动，形成活动吊耳。当车架受到冲击弹簧变形时两卷耳之间的距离有可能发生变化。

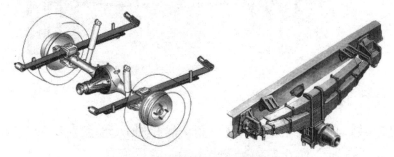

图 3-95　钢板弹簧式非独立悬架

（2）螺旋弹簧式非独立悬架。

螺旋弹簧式非独立悬架由螺旋弹簧、减震器、纵向推力杆和横向推力杆组成，如

图 3-96 所示。螺旋弹簧式非独立悬架常用于轿车的后悬架。

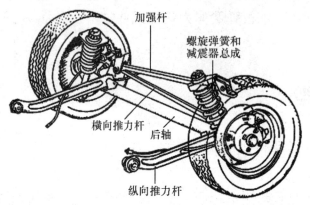

图 3-96 螺旋弹簧式非独立悬架

（3）空气弹簧非独立悬架。

汽车在行驶时，要求悬架刚度随着载荷和路面的变化而变化。当空车时车身被抬高，满载时车身则被压得很低，会出现撞击缓冲块的情况。因而对于不同类型汽车提出不同的要求，大型客车要求其空车与满载时的车身高度变化不大；轿车要求在平整路面上降低车身高度，提高车速行驶，在坑洼上提高车身，从而增大通过能力。因而要求空气弹簧非独立悬架可以使车身高度随使用要求调节。空气弹簧非独立悬架如图 3-97 所示。

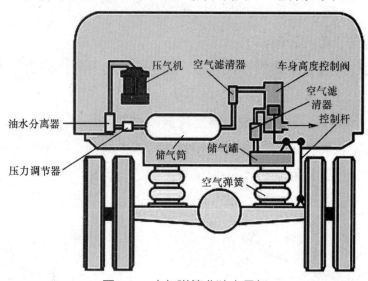

图 3-97 空气弹簧非独立悬架

2．独立悬架

独立悬架的特点：车桥是断开的，每一侧车轮单独地通过悬架与车架（或车身）相连，每一侧车轮可以独立跳动。独立悬架如图 3-98 所示。

根据导向机构不同的结构特点，独立悬架可分为双横臂式、单横臂式、纵臂式、单斜臂式、多杆式及滑柱连杆式等。目前，采用较多的有双横臂式、多杆式及滑柱连杆式 3 种形式。按采用的弹性元件不同，独立悬架分为钢板弹簧式、螺旋弹簧式、扭杆弹簧式、气

体弹簧式。目前，采用较多的是螺旋弹簧式，如麦弗逊式独立悬架。

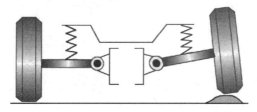

图 3-98　独立悬架

（1）双横臂式独立悬架。

双横臂式独立悬架上下两摆臂不等长，选择的长度比例合适，可使车轮和主销的角度及轮距变化较小。这种独立悬架被广泛应用在轿车前轮上。双横臂的臂呈 A 字形或 V 字形，如图 3-99 所示。V 形臂的上、下两个 V 形摆臂以一定的距离分别安装在车轮上，另一端安装在车架上。

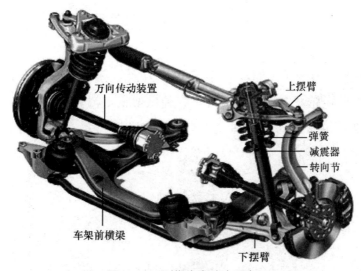

图 3-99　双横臂式独立悬架

不等臂双横臂的上臂比下臂短。当汽车车轮上下运动时，上臂比下臂运动弧度小，这将使轮胎上部轻微地内外移动，而对底部影响很小。这种结构有利于减少轮胎磨损，提高汽车的行驶平顺性和方向稳定性。

（2）多杆式独立悬架。

多杆式独立悬架如图 3-100 所示。

上连杆 9 通过上连杆支架 11 与车身（或车架）相连，上连杆 9 外端与第三连杆 7 相连。上连杆 9 的两端都装有橡胶隔震套。第三连杆 7 的下端通过重型止推轴承与转向节连接。下连杆 5 与普通的下摆臂相同，内端通过橡胶隔震套与前横梁相连接。球铰将下连杆 5 的外端与转向节相连。多杆式独立悬架系统的主销轴线从下球铰延伸到上面的轴承，它与上连杆和第三连杆无关。多杆式独立悬架系统具有良好的操纵稳定性，可减小轮胎磨损。

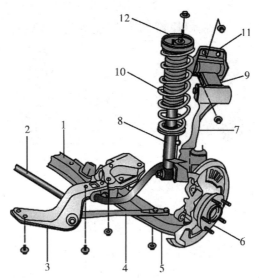

1—前悬架横梁；2—前稳定杆；3—拉杆支架；4—黏滞式拉杆；5—下连杆；6—轮毂转向节总成；
7—第三连杆；8—减震器；9—上连杆；10—螺旋弹簧；11—上连杆支架；12—减震器隔震块

图 3-100　多杆式独立悬架

（3）麦弗逊式独立悬架。

这种悬架目前在轿车中采用很多。如图 3-101 所示，麦弗逊式独立悬架将减震器作为引导车轮跳动的滑柱，螺旋弹簧与其装于一体。这种悬架将双横臂上臂去掉并以橡胶作为支撑，允许滑柱上端做少许角位移，内侧空间大，有利于发动机布置，并降低了汽车的重心。

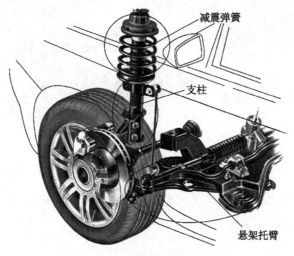

图 3-101　麦弗逊式独立悬架

3．弹性元件

（1）钢板弹簧。

钢板弹簧由多片长度不等的弹簧钢片叠加而成，广泛应用于非独立悬架，如图 3-102 所示。

其第一片为主片，两端有卷耳，内装衬套，通过弹簧销与车架相连。中心螺栓连接各弹簧片，并保证各片的相对位置。弹簧夹用来防止各片分开，以免主片独自承载，弹簧夹

通过铆钉与最下片弹簧片相连。螺杆上有套管，螺母朝向轮胎。

（2）螺旋弹簧。

螺旋弹簧广泛应用于独立悬架，由于其只能承受垂直载荷，所以必须装有减震器和导向机构。螺旋弹簧如图 3-103 所示。

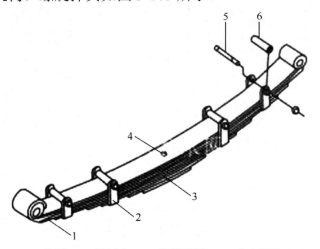

1—卷耳；2—钢板夹；3—钢板弹簧；4—中心螺栓；
5—螺栓；6—套管

图 3-102　钢板弹簧

图 3-103　螺旋弹簧

（3）扭杆弹簧。

扭杆弹簧是一根由弹簧钢制成的扭杆，如图 3-104 所示。扭杆 1 截面常为圆形，少数是矩形或管形，扭杆一端固定在车架上，（另一端上的）摆臂 2 与车轮相连。当车轮跳动时，摆臂便绕着扭杆轴线摆动，使扭杆产生扭转弹性变形，以保证车轮与车架的弹性连接。

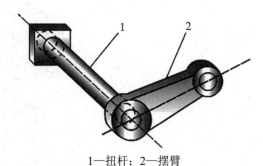

1—扭杆；2—摆臂

图 3-104　扭杆弹簧

（4）气体弹簧。

气体弹簧是在一个密封的容器中充入压缩气体，利用气体的可压缩性实现其弹簧作用的。气体弹簧的特点：作用在弹簧上的载荷增加时，容器中气压升高，弹簧刚度增大；反之，当载荷减小时，气压下降，刚度减小。气体弹簧具有理想的变刚度特性。

气体弹簧分为空气弹簧和油气弹簧两种。空气弹簧又有囊式和膜式两种形式，如图 3-105 所示。

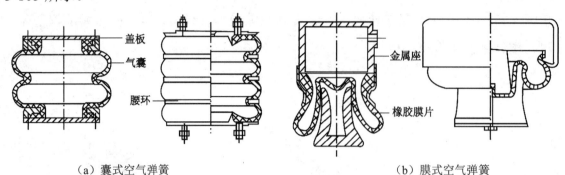

（a）囊式空气弹簧 　　　　　　　　　　（b）膜式空气弹簧

图 3-105　空气弹簧

4. 减震器

（1）液力减震器。

液力减震器的作用原理：当车架与车桥做往复相对运动时，减震器中的活塞在缸筒内也做往复运动，减震器壳体内的油液便反复地从一个内腔通过一些窄小的孔隙流入另一内腔，如图 3-106 所示。孔壁与油液间的摩擦及液体分子内的摩擦便形成对震动的阻尼力，使车身和车架的震动能量转化为热能，被油液和减震器壳体所吸收，并散到大气中。

（2）双向作用筒式减震器。

双向作用筒式减震器如图 3-107 所示。

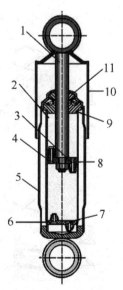

1—活塞杆；2—工作缸；3—活塞；4—伸张阀；5—储油缸；6—压缩阀；
7—补偿阀；8—流通阀；9—导向座；10—防尘罩；11—油封

图 3-106　液力减震器　　　　　图 3-107　双向作用筒式减震器

在压缩行程时，汽车车轮移近车身，减震器受压缩，此时减震器内活塞 3 向下移动，活塞下腔室的容积减少，油压升高，油液经流通阀 8 流到活塞上面的腔室（上腔）。上腔被活塞杆 1 占去了一部分空间，因而上腔增加的容积小于下腔减小的容积，于是一部分油液就推开压缩阀 6，流回储油缸 5。这些阀对油的节流形成悬架受压缩运动的阻尼力。减震器在伸张行程时，车轮相当于远离车身，减震器受拉伸，这时减震器的活塞向上移动，活塞上腔油压升高，流通阀 8 关闭，上腔内的油液推开伸张阀 4 流入下腔。由于活塞杆的存在，自上腔流来的油液不足以充满下腔增加的容积，使下腔产生一真空度，这时储油缸中的油液推开补偿阀 7 流进下腔进行补充。这些阀在悬架进行伸张运动时起到阻尼作用。

5. 横向稳定杆（器）

横向稳定器如图 3-108 所示。

1—纵向推力杆；2—减震器；3—横向稳定杆；4—横向推力杆

图 3-108　横向稳定器

弹簧钢制成的横向稳定杆 3 呈扁平的 U 形，横向安装在汽车前端或后端（也有轿车前后都装横向稳定器）。杆 3 中部的两端自由地支撑在两个橡胶套筒内，套筒固定于车架上。横向稳定杆的两侧纵向部分的末端通过支杆与悬架下摆臂上的弹簧支座相连。

当两侧悬架变形相同时，横向稳定器不起作用。当两侧悬架变形不等时，车身相对路面横向倾斜，车架一侧移近弹簧支座，稳定杆的同侧末端就随车架向上移动，而另一侧车架远离弹簧座，相应横向稳定杆的末端相对车架下移，横向稳定杆中部对于车架没有相对运动，而稳定杆两边的纵向部分向不同方向偏转，于是稳定杆被扭转。弹性的稳定杆产生扭转内力矩阻碍悬架弹簧的变形，减少了车身的横向倾斜和横向角震动。

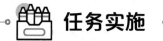 **任务实施**

 轿车前悬架的拆装

（1）用扳手拧松轮胎螺栓，用千斤顶顶起车辆，如图 3-109 所示。

图 3-109　用扳手拧松轮胎螺栓

（2）拆卸车轮。

（3）取下软管接头卡簧，使制动软管与减震器分离。

（4）从减震器上拆下车轮转速器线束夹螺栓。

（5）拆下转向节与前减震器的连接螺栓。

（6）拆下前悬架支座总成上的螺母，注意保护前减震器及螺旋弹簧总成，避免掉落。取下前减震器及螺旋弹簧，如图 3-110 所示。

图 3-110　取下的螺旋弹簧

（7）用弹簧压缩机压缩螺旋弹簧，直到螺旋弹簧与弹簧座之间不再有作用力，如图 3-111 所示。

图 3-111　压缩螺旋弹簧

（8）取下悬架上的防尘帽，用专用工具固定活塞杆内口，拧下减震器活塞杆顶端螺母。

（9）按相反的顺序将所有的零部件装好。

三　滑柱、滑柱部件或弹簧的更换

1．拆卸程序

（1）拆卸滑柱总成，如图 3-112（a）所示。

① 将滑柱安装至 CH-6066 夹具 5。

② 使用 CH-6068 张紧器 1 将张紧弹簧 4 的张力从上滑柱支座上卸去。

③ 拆下滑柱螺母 2。

④ 拆下滑柱支座隔震垫圈 3。

（2）拆卸前弹簧滑柱部件，如图 3-112（b）所示。

① 拆下支座隔震垫总成 7，检查是否损坏，必要时进行更换。

② 拆下支座轴承总成 8，检查是否损坏，必要时进行更换。

③ 拆下减震垫 9，检查是否损坏，必要时进行更换。

④ 拆下隔震垫 10，检查是否损坏，必要时进行更换。

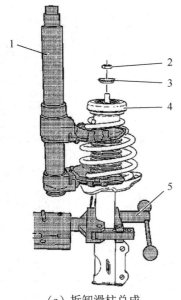 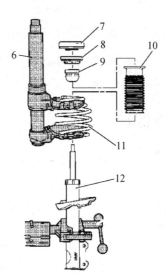

（a）拆卸滑柱总成　　　　　　　　　　　（b）拆卸前弹簧滑柱部件

1、6—CH-6068 张紧器；2—滑柱螺母；3—滑柱支座隔震垫圈；

4—张紧弹簧；5—CH-6066 夹具；7—支座隔震垫总成；8—支座轴承总成；

9—减震垫；10—隔震垫；11—弹簧；12—滑柱

图 3-112　拆卸滑柱总成和前弹簧滑柱部件

⑤ 使用 CH-6068 张紧器 6 拆下弹簧 11。

⑥ 卸去弹簧张力（此操作可使用 CH-6068 张紧器 6），检查弹簧是否损坏，必要时进行更换。

⑦ 将滑柱 12 从 CH-6066 夹具 5 上拆下。

⑧ 拆下下隔震垫，如图 3-113 所示，检查是否损坏，必要时进行更换。

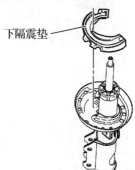

图 3-113　拆下下隔震垫

2. 装配程序

（1）安装下隔震垫。

（2）安装弹簧滑柱部件。

① 将滑柱 12 安装至 CH-6066 夹具 5 上。

② 将弹簧 11 安装至 CH-6068 张紧器 6 上，压缩弹簧使之释放弹簧张力。

③ 将弹簧 11 安装至滑柱 12 上。

④ 将隔震垫 10 安装至滑柱 12。

⑤ 将减震垫 9 安装至滑柱 12。

⑥ 将支座轴承总成 8 安装至滑柱 12。

⑦ 将支座隔震垫总成 7 安装至滑柱 12。

（3）安装支座隔震垫垫圈 3。

（4）将滑柱螺母 2 安装至滑柱轴，并紧固至 70N·m（约 52 磅力英尺）。

（5）从张紧弹簧 4 上拆下 CH-6068 张紧器 1。

（6）将前滑柱从 CH-6066 夹具 5 上拆下。

（7）安装滑柱总成。

 **素养与思政**

本任务要求分组训练，各小组必须按照规范的操作方式精确快速地进行安装、调整，力求将悬架拆装工作、精度调整工作做到精益求精，弘扬大国工匠精神，各小组在实训过程中必须团结一致、相互合作学习，操作过程中注意安全，要求全程实现 7S 管理。

 **拓展知识**

一、可变悬架

可变悬架是指可以手动或车辆自动改变悬架的高低或软硬来适应不同路面行驶需求的一种悬架。

二、空气悬架

空气悬架如图 3-114 所示。

图 3-114　空气悬架

技术特点：底盘可升降，应用车型广泛。

技术不足：可靠性不如螺旋弹簧悬架。

应用车型：奔驰 S350、奥迪 A8L、保时捷卡宴等。

装备空气式可调悬架的车型前轮和后轮的附近都会设有离地距离传感器，根据离地距离传感器的输出信号，行车电脑会判断出车身高度变化，再控制空气压缩机和排气阀门，使弹簧自动压缩或伸长，从而降低或升高底盘离地间隙，以增加高速车身稳定性或复杂路况的通过性。

空气悬架有如下几个状态。

（1）保持状态。当车辆被举升器举起离开地面时，空气悬架系统将关闭相关的电磁阀，同时电脑记忆车身高度，使车辆落地后保持原来高度。

（2）正常状态，即发动机运转状态。行车过程中，若车身高度变化超过一定范围，空气悬架系统将每隔一段时间调整一次车身高度。

（3）唤醒状态。当空气悬架系统被遥控钥匙、车门开关或行李箱盖开关唤醒后，系统将通过车身水平传感器检查车身高度。如果车身高度低于正常高度一定程度，储气罐将提供压力使车身升至正常高度。同时，空气悬架可以调节减震器软硬度，包括软态、正常及硬态 3 个状态（也有标注为舒适、普通、运动 3 个模式等），驾驶者可以通过车内的控制钮进行控制。

三、电磁式可调悬架

技术特点：技术先进，系统响应迅速。

技术不足：成本较高，多应用于豪华车型上，稳定性有待检验。

应用车型：奥迪 TT、凯迪拉克 SLS、凯迪拉克 CTS。

电磁式可调悬架就是利用电磁反应来实现汽车底盘高度升降变化的一种悬架方式，它可以在极短的时间内做出反应，来抑制震动，保持车身稳定。特别是在一些相对极端的环境下，如高速行车中突然遇到颠簸，电磁式可调悬架的优势就会非常明显，它的反应速度可以比传统悬架快 5 倍。

电磁式可调悬架系统是由行车电脑、车轮位移传感器、电磁液压杆和直筒减震器组成的。在每个车轮和车身连接处都有一个车轮位移传感器，传感器与行车电脑相连，行车电脑又与电磁液压杆和直筒减震器相连。车辆行驶到颠簸路面，引起车轮跳动的时候，传感器会迅速将信号传至控制系统，控制系统发出相应指令，将电信号发送到各个减震器的电子线圈，使电流的运动产生磁场，在磁场的作用下，电磁液的黏度得到改变，从而达到控制车身、减震的目的。

四、液压式可调悬架

液压式可调悬架如图 3-115 所示。

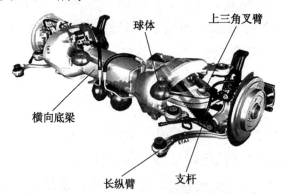

图 3-115　液压式可调悬架

技术特点：底盘可升降，采用液压油使其耐用性更好。

技术不足：技术水平相对老旧，反应速度偏慢。

应用车型：雪铁龙 C5（海外）、雪铁龙 C6。

　　液压式可调悬架，顾名思义就是利用液压变化来调节车身的悬架系统。它的核心部件是一个内置式电子液压集成模块，可以根据车辆行驶速度对减震器的伸缩频率和程度加以调整。例如，停车时车身高度自动降为最低，车发动后恢复车身标准高度。在车辆行驶状态下，城市道路及车速低于 110km/h 时，会采用标准高度；当车速超过 110km/h 时，电子液压集成块控制车身头部降低 15mm，车尾部降低 11mm。降低重心可以改善车辆行驶稳定性，减小迎风最大截面和降低对侧风的敏感度，同时降低油耗；当车速低于 90km/h 后车身恢复到标准高度；路况不好时，电子液压集成块控制车身升高，以最大限度保证减震行程长度与舒适性。

五、电子液力式可调悬架

电子液力式可调悬架如图 3-116 所示。

图 3-116　电子液力式可调悬架

技术特点：控制精准，反应速度快。

技术不足：稳定性有待检验。

应用车型：别克新君越、欧宝雅特（海外）。

电子液力式可调悬架也称连续减震控制系统（CDC），它也是主动悬架的一种。这套系统可以独立控制每个车轮的悬架阻尼。其电子感应器能根据读取的路况信息，适时对减震器做出调整，使之在软硬间频繁切换。从而更迅速且准确地控制车身的侧倾、俯仰及横摆跳动，提高车辆高速行驶和过弯的稳定性。

电子液力式可调悬架对电子设备的依赖性要更强。其核心部件由中央控制单元、CDC减震器、车身加速度传感器、车轮加速度传感器及 CDC 控制阀构成，其中减震器是基于传统的液压减震器构造，减震器内注有油液，有内外两个腔室，油液可通过联通两个腔室间的孔隙流动。在车轮颠簸时，减震器内的活塞便会在套筒内上下移动，其腔内的油液便在活塞的往复运动作用下在两个腔室间往返流动。油液分子间的相互摩擦及油液与孔壁之间的摩擦对活塞的运动形成阻力，将震动的动能转化为热量，热量通过减震器外壳散发到空气中，这样就实现了减震器的"减震"过程。

 技能训练

要求：

1. 用专用工具拆装悬架；

2. 按照规范的工艺要求拆装、调整，注意安全，全程要求 7S 管理。

项目四

转 向 系 统

📖 项目描述

　　张先生开了五年的别克威朗车最近在开车转弯时觉得方向盘比以前沉重了很多，于是上网查了一下相关的问题，发现有些车是液压助力，有些是电动助力，查了半天还是没有搞清楚。之后他开车到 4S 店找维修技师检车，维修技师经过检查后发现是动力转向泵有问题，维修技师告诉张先生需要更换。本项目主要介绍转向系统主要零部件的结构与检修等知识。

认识转向系统

 知识目标

1. 了解转向系统的组成及分类。
2. 了解各种转向系统的作用。

能力目标

能说出组成转向系统主要零部件的名称。

思政目标

1. 通过转向盘的自由行程测量的规范操作，培养学生精益求精的工匠精神。
2. 通过学生小组合作学习，培养学生爱岗敬业、团结互助的价值观。

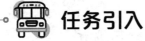 **任务引入**

　　转向系统是用来改变或保持汽车行驶或倒退方向的一系列装置，它的功能就是按照驾驶员的意愿控制汽车的行驶方向。转向系统对汽车的行驶安全至关重要，因此转向系统的零件都称为保安件。本任务主要介绍转向系统零件的构造、工作原理及零部件检修等知识。

 相关知识

 转向系统概述

　　转向系统的功能就是按照驾驶员的意愿控制汽车的行驶方向。汽车行驶中，驾驶员通过操纵转向盘，经过一套传动机构，使转向轮在路面上偏转一定的角度来改变其行驶方向，确保汽车稳定安全地正常行驶。转向系统对汽车的行驶安全至关重要，因此转向系统的零件都称为安全件。

二、转向系统的类型及结构

转向系统按其转向能源的不同，可分为机械式转向系统、液压式动力转向系统和电动式动力转向系统。

1. 机械式转向系统

机械式转向系统由转向操纵机构、转向器和转向传动机构三部分组成。汽车转向时，驾驶员作用于转向盘上的力，经过转向轴（转向柱）传到转向器，转向器将转向力放大后，又通过转向传动机构的传递，推动转向轮偏转，从而使汽车行驶方向改变。

机械式转向系统的特点：汽车的转向完全由驾驶员所施加的操纵力来实现，操纵较费力，劳动强度较大，但其具有结构简单、工作可靠、路感性好、维护方便等优点，多应用于中小型货车或轿车上。

2. 液压式动力转向系统

液压式动力转向系统是在机械式转向系统的基础上，增加了转向控制阀、转向油泵、转向动力缸等液压助力装置的转向系统，如图 4-1 所示。

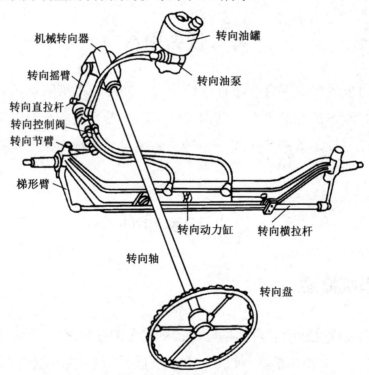

图 4-1 液压式动力转向系统

当汽车转向时，由发动机驱动的转向油泵产生高压油，高压油在转向控制阀的作用下进入动力缸推动转向轮偏转，这时作用在转向盘上的作用力就很小，从而减轻了驾驶员的劳动强度。

液压式动力转向系统操纵轻便，灵活省力，维护简单，广泛应用于高速轿车和重型货车上。

3. 电动式动力转向系统

电动式动力转向系统由控制装置、转向盘、转向电动机、转向横拉杆和转向器组成，如图 4-2 所示。

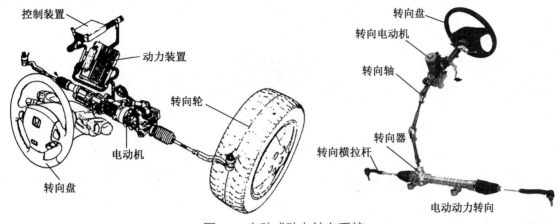

图 4-2　电动式动力转向系统

当汽车转向时，电控单元根据传感器检测的转向力矩及转向速度等参数，计算出最佳作用力后，使电动机工作，推动转向，减轻驾驶员的劳动强度。

电动式动力转向系统具有节能、无须油压管路系统、不直接消耗发动机功率、环保、安装自由度大等优点，但电能动力不如液压动力大，目前只用于前轴负荷较小的轿车上。

4. 转向盘的自由行程

转向盘在空转阶段的角行程（不使转向轮发生偏转而转向盘所能转过的角度）称为转向盘的自由行程。

转向盘从相应汽车直线行驶的中间位置向任何一方向的自由行程不应超出 10°～15° 的范围，当自由行程超出 25°～30° 的范围时，必须及时进行调整。

转向盘的自由行程有利于缓和路面冲击，避免驾驶员过度紧张，但不宜过大，过大会导致车辆在进行转向动作的时候反应过慢，增加了车辆的不安全因素；太小则会很容易改变车辆原来行驶的轨迹，增加驾驶员的工作强度。

5. 自由行程的测量

（1）测量依据。根据《机动车运行安全技术条件》（GB 7258—2017）中的相关规定：最大设计车速大于等于 100km/h 时，自由行程小于 10°，最大设计车速小于 100km/h 时，自由行程小于 15°。

（2）测量方法。首先将汽车停在平坦地面上，使前轮保持直线位置，前轮、轮辋固定不动，在转向盘上分别施加 2N·m 的正、反力矩，测定转向盘的总摆角（直行位置

转向盘的自由行程）。首先向一个方向缓慢转动转向盘直至车轮开始摆动，记下其从开始到摆动前的角度，然后向另一个方向缓慢转动转向盘直至车轮开始摆动，再次记下其从开始到摆动前的角度，最后将两次测得的角度相加即转向盘的自由行程，如图4-3所示。

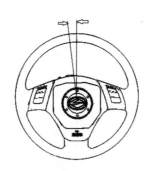

图4-3　转向盘的自由行程

6．转向盘自由行程的调整

若转向盘自由行程过大，应检查并进行调整。

（1）检查轮毂轴承和转向节主销的间隙是否过大，若出现此种情况，应调整。

（2）检查转向节臂及横、直拉杆的接头是否松动，若松动，应紧固。

（3）检查转向传动副的磨损是否过大。

（4）对于使用齿轮齿条式转向器以外的转向盘自由行程调整方法基本相同，主要是通过调整转向器传动副的啮合间隙来进行的。松开锁紧螺母，向里转动调整螺钉，使啮合间隙减小，自由行程变小，反之则增大。

💡 读一读

　　电动式EPS是利用电动机作为助力源的，其根据车速和转向参数等因素，由电子控制单元完成助力控制，其原理可概括如下。

　　当操纵转向盘时，装在转向盘轴上的转矩传感器不断地测出转向轴上的转矩信号，该信号与车速信号同时输入电子控制单元。电子控制单元根据这些输入信号，确定助力转矩的大小和方向，即选定电动机的电流和转动方向，调整转向辅助动力的大小。电动机的转矩由电磁离合器通过减速机构减速增矩后，加在汽车的转向机构上，使之得到一个与汽车工况相适应的转向作用力。例如，福克斯的EHPAS电子液压系统由电脑根据发动机转速、车速及转向盘转角等信号，驱动电子泵给转向系统提供助力，助力感觉非常自然。因此，很多人觉得福克斯的转向操控相当不错。目前，有些车也号称采用电子助力，但是只是电动机助力，没有液压辅助，容易产生噪声，助力效果也远不如福克斯这一类型的电子助力。

测量转向盘的自由行程

专用仪器检查转向盘自由行程如图 4-4 所示，其测量方法如下。

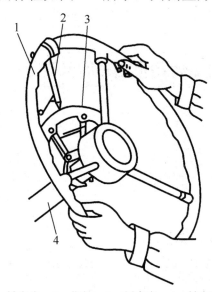

1—转向盘；2—指针；3—刻度盘；4—转向轴管

图 4-4 专用仪器检查转向盘自由行程

（1）车辆停放在平坦的路面上，保持两前轮处于直线行驶状态。

（2）专业的测量方法是将方向盘游动间隙检查器刻度盘卡在转向轴管上，指针固定在方向盘上并指向刻度盘，以便准确测量角度。若车主自查，可用一根铁丝代替，将铁丝一端固定在轴管上，另一端指向转向盘边缘即可。

（3）轻轻将方向盘转到左边空行程的极限（感到有阻力为止，若再转动则车轮开始偏转），记下此时铁丝指在方向盘上的位置，再把方向盘转到反方向空行程极限位置。铁丝在转向盘边缘划过的弧长即转向盘游动间隙在转向盘边缘的反映，一般应为 40～60mm，若过大则意味着自由行程也过大。

素养与思政

本任务要求分组训练，各小组必须按照规范的操作方式精确快速地测量，力求将转向盘的精度测量工作做到精益求精，弘扬大国工匠精神，各小组在实训过程中必须团结一致、相互合作学习，操作过程中注意安全，要求全程实现 7S 管理。

 技能训练

要求：

1. 测量汽车实训室里面轿车转向盘的自由行程。

2. 按照规范的工艺要求拆装，注意安全，全程要求 7S 管理。

任务 2 机械转向系统的构造与检修

💡 知识目标

1. 了解机械转向系统的组成及分类。
2. 了解各种转向器的结构。

🔧 能力目标

能对常见转向器进行拆装。

✏️ 思政目标

1. 通过对转向器拆装检修的规范操作，培养学生精益求精的工匠精神。
2. 通过学生小组合作学习，培养学生爱岗敬业、团结互助的价值观。

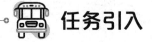 任务引入

　　机械转向系统以驾驶员的体力作为转向能源，其中所有传力件都是机械的。机械转向系统由转向操纵机构、转向器和转向传动机构三部分组成。本任务主要介绍转向器的构造及工作原理、拆装、调整方法等知识。

 相关知识

 机械转向系统的组成

　　图 4-5 为独立悬架和非独立悬架的机械转向系统。

　　机械转向系统由转向操纵机构、转向器和转向传动机构三部分组成。

1．转向操纵机构

转向盘到转向器之间的所有零部件总称为转向操纵机构，由转向盘、转向轴、转向万向节、转向传动轴等零件组成。

转向操纵机构的作用是将驾驶员转动转向盘的操纵力传给转向器。

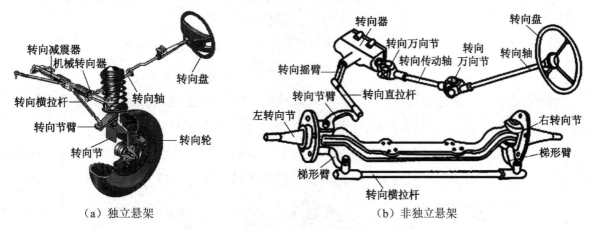

（a）独立悬架　　　　　　　　　　（b）非独立悬架

图4-5　机械转向系统

2．转向器

转向器（转向机）是将旋转运动转变为直线运动（或近似直线运动）的一组齿轮机构，同时也是转向系统中的减速传动装置。目前较常用的转向器有齿轮齿条式、循环球曲柄指销式、蜗杆曲柄指销式、循环球-齿条齿扇式、蜗杆滚轮式等。

转向器的作用是增大由转向盘传到转向节的力并改变力的传递方向，以获得所要求的摆动速度和角度。

3．转向传动机构

转向传动机构的作用是将转向器输出的力传给转向轮，使两转向轮偏转角度按一定的关系变化，以实现汽车的顺利转向。

二、转向操纵机构

转向盘到转向器之间的所有零部件总称为转向操纵机构。

转向操纵机构由转向盘、转向轴、万向节（上、下）等组成，如图4-6所示。

1．转向盘

转向盘即方向盘，是汽车、轮船、飞机等交通工具操纵行驶方向的轮状装置。转向盘一般通过花键与转向轴相连。在驾驶员与车轮之间引入的齿轮系统操作灵活，很好地隔绝了来自道路的剧烈震动。

图 4-6 转向操纵机构

转向盘由轮缘、轮辐和轮毂组成。转向盘轮毂的细牙内花键与转向轴连接。转向盘上都装有喇叭按钮，有些轿车的转向盘上还装有车速控制开关和安全气囊。

多功能转向盘是指在转向盘两侧或者下方设置一些功能键的方向盘，其功能包括音响控制、空调调节、车载电话等，还有的将定速巡航键也设置在转向盘上，如图 4-7 所示。

图 4-7 多功能转向盘

多功能转向盘的优点：驾驶员可以直接在转向盘上操控车内很多的电子设备，不需要在中控台上去寻找各类按钮，可以更专心地注视前方，大大提高行车的安全性。这种本属于中级车的装备，随着技术的进步也逐渐在家用车上应用，多款小车/紧凑型车都装备了具有这一功能的转向盘。尽管大部分多功能转向盘仅限于音响控制，但对于家用车而言也提供了不少行车的便捷和乐趣。

2. 转向轴、转向柱管及其吸能装置

转向轴是连接转向盘和转向器的传动件，转向柱管固定在车身上，转向轴从转向柱管中穿过，如图 4-8 所示。

轿车除要求装有吸能式转向盘，还要求转向柱管必须装备能够缓和冲击的吸能装置。转向轴和转向柱管吸能装置的基本工作原理：当转向轴和转向柱管受到巨大冲击而产生轴向位移时，通过转向柱管或支架产生塑性变形、转向轴产生错位等方式，吸收冲击能量。

转向柱管吸能装置的工作原理是：发生碰撞时，转向器向后移动，下转向传动轴插入上转向传动轴的孔中，上转向传动轴被压扁，吸收了冲击能量。此外，转向柱管通过支架和 U 形板固定在仪表板上。当驾驶员身体撞击转向盘后，转向柱管和支架将从仪表板上脱

离下来向前移动。这时，一端固定在仪表板上而另一端固定在支架上的 U 形板就会产生扭曲变形并吸收冲击能量，如图 4-9 所示。

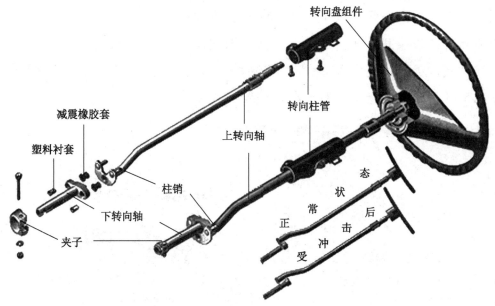

图 4-8 转向轴和转向柱管功能装置

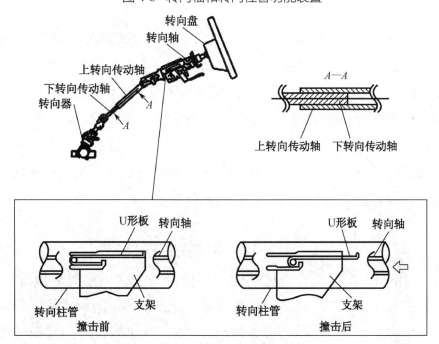

图 4-9 转向柱管吸能装置工作原理

三、转向器

1. 齿轮齿条式转向器

齿轮齿条式转向器分两端输出和中间（或单端）输出两种。

两端输出的齿轮齿条式转向器如图 4-10 所示，作为传动副主动件的转向齿轮轴 11 通过轴承 12 和 13 安装在转向器壳体 5 中，其上端通过花键与万向节叉 10 和转向轴连接。与转向齿轮啮合的转向齿条 4 水平布置，两端通过球头座 3 与转向横拉杆 1 相连。弹簧 7 通过压块 9 将转向齿条 4 压靠在齿轮上，保证无间隙啮合。弹簧的预紧力可用调整螺塞 6 调整。当转动转向盘时，转向器齿轮轴 11 转动，使与之啮合的转向齿条 4 沿轴向移动，从而使左右横拉杆带动转向节左右转动，使转向车轮偏转，实现汽车转向。

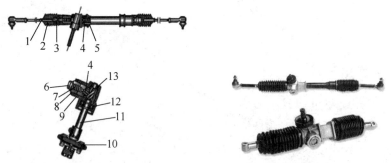

1—转向横拉杆；2—防尘套；3—球头座；4—转向齿条；5—转向器壳体；6—调整螺塞；
7—弹簧；8—锁紧螺母；9—压块；10—万向节叉；11—转向齿轮轴；12、13—轴承

图 4-10　两端输出的齿轮齿条式转向器

中间输出的齿轮齿条式转向器的结构及工作原理与两端输出的齿轮齿条式转向器基本相同，不同之处在于它在转向齿条的中部用螺栓与左右转向横拉杆相连。在单端输出的齿轮齿条式转向器上，齿条的一端通过内外托架与转向横拉杆相连。

（1）组成。齿轮齿条式转向器由齿、齿条、弹簧、调整螺栓、防尘套、转向器壳体等组成。

（2）工作原理。驾驶员通过转向操纵机构使转向齿轮转动，从而使转向齿条移动，如图 4-11 所示，转向齿条通过转向直拉杆、转向摆杆和左右转向横拉杆，使两车轮绕主销偏转。

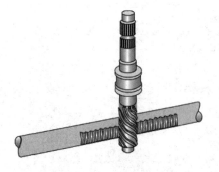

图 4-11　齿轮和齿条配合

2. 循环球式转向器

循环球式转向器是目前国内外应用最广泛的结构之一，一般有两级传动副，第一级是螺杆螺母传动副，第二级是齿条齿扇传动副。为了减少转向螺杆与转向螺母之间的摩擦，二者的螺纹并不直接接触，其间装有多个钢球，以实现滚动摩擦。转向螺杆和转向螺母上都加工出截面轮廓为 2 段或 3 段不同心圆弧组成的近似半圆的螺旋槽。二者的螺旋槽能配合形成近似圆形截面的螺旋管状通道。转向螺母侧面有两对通孔，可将钢球从此孔塞入螺旋形通道内。转向螺母外有两根钢球导管，每根导管的两端分别插入转向螺母侧面的一对通孔中。导管内也装满了钢球。这样，

两根导管和转向螺母内的螺旋管状通道组合成两条各自独立的封闭钢球"流道"。转向螺杆转动时，通过钢球将力传给转向螺母，这时转向螺母即沿轴向移动。同时，在转向螺杆及转向螺母与钢球间的摩擦力偶作用下，所有钢球便在螺旋管状通道内滚动，形成"球流"。在转向器工作时，两列钢球只是在各自的封闭流道内循环，不会脱出。

（1）组成。

循环球式转向器由两套传动副组成，一套是螺杆螺母传动副，另一套是齿条齿扇传动副或滑块曲柄销传动副。

循环球式转向器由转向螺杆、转向螺母、轴承、齿扇、转向器壳等组成，如图 4-12所示。

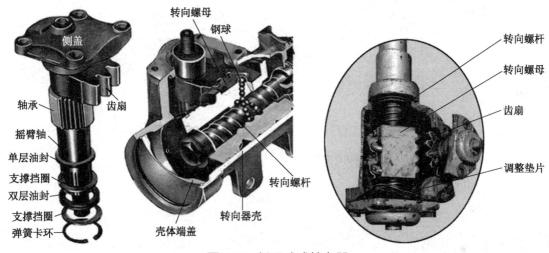

图 4-12　循环球式转向器

（2）工作原理。

转动转向盘时，转向螺杆也随之转动，通过钢球将作用力传给转向螺母，此时转向螺母即产生轴向移动，同时由于摩擦力的作用，所有钢球在转向螺杆与转向螺母之间滚动，形成"球流"。钢球在转向螺母内绕行两周后，流出转向螺母进入导管，再由导管流回转向螺母，随着转向螺母沿转向螺杆做轴向移动，其齿条带动齿扇运动，齿扇带动垂臂轴转动，从而使转向垂臂产生摆动，并通过转向传动机构使转向轮偏转，从而完成汽车转向，如图 4-13 所示。

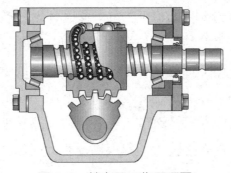

图 4-13　转向器工作原理图

四、蜗杆指销式转向器

1. 定义

具有梯形截面螺纹的转向蜗杆支撑在转向器壳体两端的球轴承上，蜗杆与锥形指销相啮合，锥形指销用双列圆锥滚子轴承支于摇臂轴内端的曲柄孔中。当转向蜗杆随转向盘转动时，锥形指销沿蜗杆螺旋槽上下移动，并带动曲柄及摇臂轴转动。目前，汽车使用的蜗杆指销式转向器多数是双指销式，即其有两个指销，其结构如图 4-14 所示。

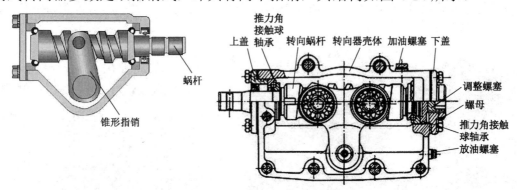

图 4-14 蜗杆指销式转向器

2. 拆装注意事项

首先拧下放油螺栓，放净转向器中的润滑油，再用扳手拧松摇臂轴调整螺钉的锁紧螺母，把调整螺钉逆时针旋转一周，拆下转向器侧盖上的双头螺栓；然后再拧下其余固定螺栓，取下侧盖；接着用手抓住摇臂轴扇形块，用力拔出摇臂轴（如果拔不出来，可用木槌敲击摇臂轴输出端头）；再拧下转向器下盖螺栓，取下垫圈及下盖，用铜锤或铜棒轻轻敲击蜗杆轴花键端部，取出蜗杆、轴承等（注意：用铜锤敲击时，要使蜗杆保持垂直于轴承，以防止碰伤轴承的保持架和油封刃口）；最后松开转向器上盖的螺栓，取出垫片、止推轴承外圈和保持架等，分解后，对全部零件进行彻底清洗，清洗后分开放置，以备检测维修。

3. 检修

（1）壳体及盖的检修。敲击并目测检查壳体及盖有无裂损，若无法修补，则换用新件；在平台上用塞尺检测壳体与盖的结合面的平面度误差，其值应不大于 0.1mm，否则应进行修磨；壳体上两蜗杆轴承孔公共轴线与摇臂轴承孔公共轴线垂直度误差应符合原厂技术标准，否则应进行修理或更换。

（2）蜗杆的检修。目测检查蜗杆滚道，若有轻微剥落或明显阶梯形磨损，用油石修磨后可继续使用，若磨损严重，剥落较大，应换用新件。用磁力探伤时蜗杆应无裂纹，否则应换用新件。

（3）蜗杆平面止推轴承的检修。目测检查内外滚道，若有金属剥落，磨损严重或保持架变形、有缺口，一律更换；检查轴承钢球，若有碎裂，能从保持架上脱落，则一律换用新件。更换轴承时注意：内外圈保持架要成套更换。

五、转向传动机构

1. 定义
从转向器到转向轮之间的所有传动杆件统称为转向传动机构。

2. 作用
转向传动机构的作用是将转向器输出的力和运动传到转向桥两侧的转向节，使转向轮偏转，并使两转向轮偏转角按一定关系变化，以使汽车转向时车轮与地面的相对滑动尽可能小。

转向传动机构由转向摇臂、转向主拉杆、转向节、转向梯形等组成。

3. 与非独立悬架配用的转向传动机构
转向摇臂是转向器与直拉杆间的传动件，其大端用锥形三角细花键与转向器中摇臂轴外端连接，以保证在圆周上受力均匀。为了保证转向器摇臂轴在中间位置，在摇臂轴的外端面和转向摇臂上孔外端面上刻有短线装配标记，装配时应对齐记号。其小端用球头销与主拉杆做空间铰链连接。

转向主拉杆是转向摇臂与转向节臂间的传动件，如图 4-15 所示。它与转向摇臂和转向直臂用球形铰链连接，以保证空间运动时不发生运动干涉。

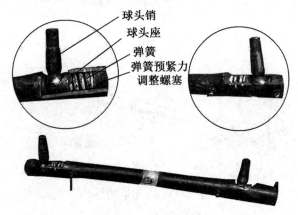

球头销
球头座
弹簧
弹簧预紧力
调整螺塞

图 4-15 转向主拉杆

4. 与独立悬架配用的转向传动机构
与独立悬架配用的转向传动机构的主要部件有转向横拉杆、转向减震器、主动齿轮、防尘套等，如图 4-16 所示。该机构采用了齿轮齿条式转向器，省略了转向传动机构中的主拉杆等部件，转向传动器相对来说更简单、更实用。

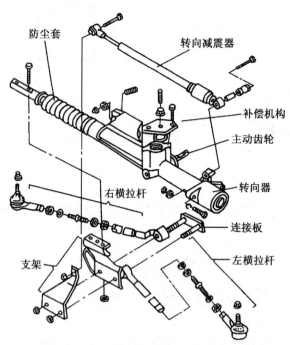

图 4-16 与独立悬架配用的转向传动机构

（1）转向横拉杆。转向横拉杆分左、右两根，其内端是与横拉杆压接成一体的不可调节的圆孔接头，孔内压装有橡胶-金属缓冲环，与转向齿条上连接支架下部的两孔用螺栓铰链连接。转向横拉杆外端为带球头销的可调式接头，球头销与转向臂相连，用防松螺母拧紧，通过调节横拉杆长度可调整前轮前束值。转向横拉杆如图 4-17 所示。

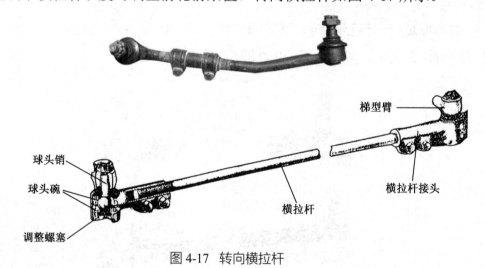

图 4-17 转向横拉杆

（2）转向减震器。减震器缸筒一端固定在转向器壳体上，活塞一端则与转向横拉杆支架连接，通过活塞杆和活塞在筒内的往复运动，使油液在活塞的节流阀上、下流动而产生阻尼，以吸收路面不平而产生的冲击和震动，稳定转向盘的震动。转向减震器如图 4-18 所示。

（3）前桥转向臂。前桥转向臂直接焊在前桥悬架支柱上，转向臂与横拉杆总成之间采

用球头销连接，如图 4-19 所示。

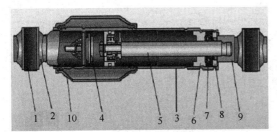

1—连接环衬套；2—橡胶套；3—油缸；4—压缩阀总成；
5—活塞及活塞杆总成；6—导向座；7—油封；8—挡圈；
9—连接环总成；10—储液罐

图 4-18　转向减震器

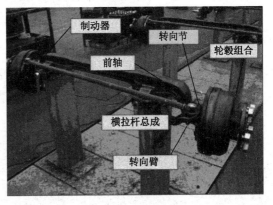

图 4-19　前桥转向臂

任务实施

一、转向器的拆装

从转向轴万向节处拆去连接螺栓，从转向器壳体的通气嘴处拆下通气胶管，拆去齿条与直拉杆的连接螺栓，拧下转向器壳体上 3 个连接螺栓，即可从车上拆下转向器。

按照相反的顺序安装。

1．拆解转向器

（1）将转向器轻轻夹在台虎钳上，钳口应垫上铝皮或紫铜皮等保护物，并要夹在壳体的安装位置，夹在其他位置可能会使壳体损坏或变形。

（2）拧松锁紧螺母（见图 4-20），用专用套筒扳手拆下调整螺塞，取出调节弹簧及缓冲胶圈、调整压块等，如图 4-21 所示。

图 4-20　转向器锁紧螺母

图 4-21　取出的各零件

（3）拧下齿轮锁紧螺母，取出齿轮，如图 4-22 所示。

（4）拆防尘套、密封件，拉出齿条（齿轮组件可不拆），如图 4-23 所示。

图 4-22　取出齿轮

图 4-23　拉出齿条

2．安装转向器

（1）在要装配的齿条表面、导管等处涂上润滑脂，在壳体内腔注上适量的润滑脂。

（2）安装密封件、防尘套等。

（3）安装齿条。

（4）安装调整压块、缓冲胶圈、调节弹簧，再拧紧锁紧螺母。

（5）调整齿轮齿条啮合预紧度。

3．检修

（1）目测齿轮、齿条齿面的磨损或损坏情况。

（2）用塞尺或其他工具检测齿条与导套的间隙（间隙＝导套直径－齿条直径），其标准值为 0.007～0.073mm。

（3）用游标卡尺检查调节弹簧的自由长度，应符合原厂设计要求，参考值为（13±1）mm。

（4）用手压缩或拉伸防尘套等密封件，检查其是否损坏或老化。

（5）检查通气管是否堵塞。

（6）螺母一经拆卸，必须换用新件。为确保转向装置安全可靠，转向器各零部件不允许进行焊修或整形。

4．间隙的调整

转向器一经拆卸，必须调整齿轮齿条间隙。调整方法：将车轮着地并置于直线行驶位置，松开锁紧螺母，向里拧动调整螺栓，直至调整螺栓与垫圈挡块接触为止，此时转向盘应处于间隙啮合状态，转动灵活，调好后，拧紧锁紧螺母，如图 4-24 所示。

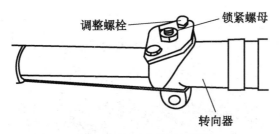

调整螺栓　　锁紧螺母

转向器

图 4-24　啮合间隙的调整

三、循环球式转向器拆卸步骤

1. 拆卸

（1）将固定转向摇臂的螺母拧下，取下转向摇臂（见图 4-25）。

转向摇臂

球头销

图 4-25　转向摇臂

（2）拧下固定侧盖螺栓，拆卸侧盖，如图 4-26 所示。

（3）取下齿扇（摇臂轴），如图 4-27 所示。

（4）拆下转向器上、下端盖，取下垫片，取下转向螺杆及螺母总成，如图 4-28 所示。

图 4-26　拆卸侧盖　　　　　图 4-27　取下齿扇　　　　图 4-28　拆下端盖、垫片等

（5）拆下循环球导管夹，拔出导管，取出全部钢球，再从螺杆上取下螺母。

☀ 注意

　　一般情况下，转向螺杆螺母总成不要分解，检查时，若转向不灵活、阻力较大、发卡或出现异常时，才能将其分解。

2．装配

（1）将拆下的零部件清洗干净并用压缩气体吹干，安装导管及钢球，组装转向螺杆及螺母总成，安装轴承，如图 4-29、图 4-30 和图 4-31 所示。

图 4-29 安装导管及钢球

图 4-30 组装转向螺杆及螺母总成

图 4-31 安装轴承

（2）将转向螺母总成装入壳体，并安装壳体上、下盖和垫片。

（3）安装摇臂轴、侧盖及转向摇臂。先在摇臂轴孔内涂抹润滑脂，再按顺序安装调整螺钉，如图 4-32 所示。装复后用手轻轻转动调整螺钉，再用百分表检测调整螺钉轴向间隙，当窜动量大于 0.12mm 时，应选配垫圈将窜动量调整至 0.08mm。然后，转动螺杆螺母上的齿条，使其处于中间位置。这时，再把摇臂轴装入壳体内，齿扇与齿条应相互啮合（装配时要注意防止摇臂轴另一端油封弹簧跳出，造成漏油）。最后，按规定扭力拧紧侧盖上的紧固螺母、螺栓，并在上、下盖及侧盖结合处及密封垫两面涂以密封胶。

图 4-32 安装调整螺钉

3．注意事项

（1）拆装时，应清洁循环钢球并注意其数量。

（2）不准随意调换上、下垫片的厚度和位置。

（3）装好后的转向器应转动灵活，无卡滞现象。

4．检测

（1）壳体与盖。

① 目测或用敲击法检查壳体与盖有无裂纹。

② 用塞尺和刀口尺检测壳体与盖结合平面的平面度误差不大于 0.1mm。

③ 目测检查螺纹，壳体螺纹损伤程度不应大于两牙。

（2）齿扇轴。

① 螺纹损伤的检测，要求损伤不大于两牙。

② 花键齿的磨损及变形的检测，轴端花键出现台阶形磨损、扭曲变形时应更换。

③ 轴颈的磨损、损伤、麻点、锈蚀的检测。支撑轴颈的磨损若逾限，可进行刷镀修复或喷焊修复，但一般应更换。

④ 目测检查齿面的磨损、起槽、烧蚀。

⑤ 调整螺钉轴向间隙的检查，要求不大于 0.07mm。

（3）摇臂轴。

① 用磁力探伤方法进行检测，若有裂纹，一律更换。

② 目测检查扇齿，若有轻微剥落、麻点腐蚀时，可用油石磨平，继续使用；齿面若严重剥落、磨损变形，应更换。

③ 检查摇臂轴端部花键，不得有明显扭曲，端部螺纹的损伤不得超过两牙。

④ 检查摇臂轴与其轴承的配合间隙，以及摇臂轴承与壳体及侧盖的配合间隙，它们均不得大于技术标准。更换摇臂轴衬套时，必须使两衬套的同轴度达到技术标准。

（4）转向螺杆螺母总成。

① 目测检查转向螺杆螺母上的钢球滚道，应无金属剥落，若有金属剥落、刻痕或压坑，应予以更换。

② 用百分表检查转向杆轴颈对其中心的跳动量，一般跳动量不得大于 0.08mm。

③ 用千分尺检测钢球直径差不得大于 0.01mm。钢球与轨道配合间隙不得大于 0.05mm。若钢球磨损，配合间隙超过 0.1mm 或钢球脱落破碎，则钢球必须更换，更换钢球时，钢球的规格、数量、材质等必须符合原技术标准。

④ 目测检查转向螺母上的钢球导管，若有破裂、凹陷等问题应予更换。

（5）转向螺杆轴承。

① 目测检查轴承滚道表面应无裂痕、压坑或金属剥落，钢球应无碎裂或凹陷、金属剥落，保持架应无扭曲变形、断裂等，若有其中的现象之一，一律更换轴承总成。

② 用手转动轴承，查看是否有卡滞现象。

（6）齿扇与齿条的啮合间隙调整。

调整时，齿条与齿扇的啮合必须处在中间位置才能进行，否则间隙不准确。一般是利

用摇臂轴轴向位移调整螺钉进行调整，调整螺钉旋进，啮合间隙减小；调整螺钉旋出，啮合间隙增大。当齿扇在中间位置时，不允许有间隙，但应转动自如，无轻重不均匀感觉或卡滞现象，最后拧紧锁紧螺母。

素养与思政

本任务要求分组训练，各小组必须按照规范的操作方式对转向器进行拆装、检修，力求将转向器的拆装工作、转向器零部件的检测精度做到精益求精，任务完成后各小组组织观看大国重器视频，培养学生的爱国主义精神，各小组在实训过程中必须团结一致、相互合作学习，操作过程中注意安全，要求全程实现 7S 管理。

 技能训练

要求：

1. 拆装、检测循环球式转向器；
2. 拆装、检测齿轮齿条式转向器；
3. 按照规范的工艺要求拆装、检测，注意安全，全程要求 7S 管理。

任务 3 动力转向系统的构造与检修

知识目标

1. 了解动力转向系统的组成及分类。
2. 掌握常流式液压助力转向系统的工作原理。

能力目标

1. 能更换动力转向液。
2. 能排除液压管路中的空气。

思政目标

1. 通过对动力转向器拆装检修的规范操作，培养学生精益求精的工匠精神。
2. 通过学生小组合作学习，培养学生爱岗敬业、团结互助的价值观。

机械转向系统是依靠驾驶员操纵转向盘的转向力来实现车轮转向的。动力转向系统则是在驾驶员的控制下，借助汽车发动机产生的液体压力或电动机驱动力来实现车轮转向的。因此，动力转向系统也称为转向动力放大装置。本任务主要介绍动力转向系统的工作原理及转向液的更换等知识。

🔬 **相关知识**

动力转向系统具有使转向操纵灵活、轻便，在设计汽车时可以增大转向器结构形式的选择灵活性，能吸收路面对前轮产生的冲击等优点，因此已在各国的汽车制造中普遍采用。

一 动力转向系统

1. 定义

动力转向系统是将发动机输出的部分机械能转化为压力能（或电能），并在驾驶员控制下，对转向传动机构或转向器中某一传动件施加辅助作用力，使转向轮偏摆，以实现汽车转向的一系列装置。采用动力转向系统可以减轻驾驶员的转向操纵力。

2. 组成

动力转向系统由机械转向器和转向加力装置组成。

3. 分类

根据助力能源形式的不同，动力转向系统可以分为液压助力、气压助力和电动机助力三种类型。

4. 动力转向系统的主要缺点

如果设计师设计的固定放大倍率的动力转向系统是为了减小汽车在停车或低速行驶状态下转动转向盘的力，则当汽车以高速行驶时，这一固定放大倍率的动力转向系统会使转动转向盘的力显得太小，不利于对高速行驶的汽车进行方向控制；反之，如果设计师设计的固定放大倍率的动力转向系统是为了增加汽车在高速行驶时的转向力，则当汽车停车或低速行驶时，转动转向盘就会显得非常吃力。

三、液压助力转向系统

液压助力转向系统应用较为普遍，分为常压式和常流式两种。

1．常压式液压助力转向系统

其特点是无论转向盘处于中立位置还是转向位置，也无论转向盘保持静止还是运动状态，系统工作管路中总是保持高压。常压式液压助力转向系统如图 4-33 所示。

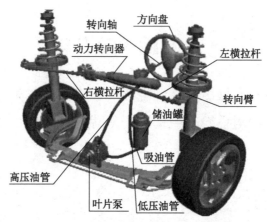

图 4-33 常压式液压助力转向系统

2．常流式液压助力转向系统

其特点是转向油泵始终处于工作状态，但液压助力系统不工作时，转向油泵基本处于空转状态。多数汽车都采用常流式液压助力转向系统。常流式液压助力转向系统如图 4-34 所示。

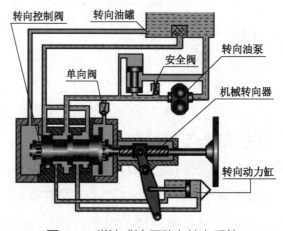

图 4-34 常流式液压助力转向系统

3．转向（工作）原理

（1）汽车直线行驶时。

当汽车直线行驶时，图 4-35（a）所示的滑阀依靠阀体内的定中弹簧（回位弹簧）保持

在中间位置。由油泵输送来的工作油,从滑阀和滑体环槽边缘的环形缝隙进入动力缸的左右腔室,又通过回油管流回油罐,这时油路保持畅通,油泵负荷小,工作油处于低压状态。

(2)汽车右转弯时。

当汽车右转弯时,如图 4-35(b)所示。转向盘右转,转向杆右转,与转向轴连成一体的滑阀和左旋螺杆克服回位弹簧的弹力和反作用柱塞一侧的油压力而向右移动,这时动力缸左腔与进油道相通,而右腔与回油道相通,左腔油压推动动力缸内活塞向右移动,使转向垂臂做逆时针转动,从而也使转向螺母随螺杆的转动而向左移动,同时通过纵拉杆带动转向轮向右偏转。

(3)转向维持不变时。

当转向盘转过一定角度保持不变时,螺母也不再继续相对于螺杆左移,但动力缸中活塞在油压作用下继续右移,从而带动转向螺母、转向螺杆和滑阀一起左移,直到滑阀位于中间稍偏右的位置,此时活塞推力和回正力平衡,动力转向系统停止工作。

(4)汽车左转弯时。

当汽车左转弯时,如图 4-35(c)所示,滑阀左移,动力缸向相反方向加力。

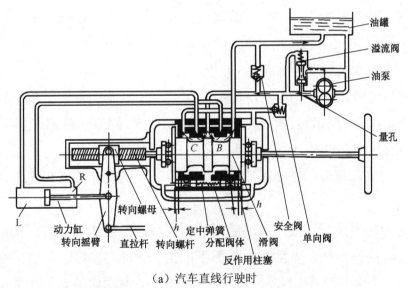

(a)汽车直线行驶时

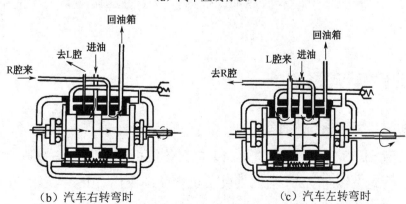

(b)汽车右转弯时   (c)汽车左转弯时

图 4-35 常流式液压助力转向系统工作原理

电子控制技术在汽车动力转向系统中的应用，使汽车的驾驶性能达到了令人满意的程度。电子控制动力转向系统在低速行驶时可使转向轻便、灵活；当汽车在中高速区域转向时，又能保证提供最优的动力放大倍率和稳定的转向手感，从而提高了高速行驶的操纵稳定性。

4．动力转向系统的检查

（1）液压泵的检查。液压泵主要检查输出油液压力是否达到技术标准。检查限压阀、流量控制阀和叶轮磨损情况，若有老化、破裂、损伤等现象，则必须换用新件。当发动机怠速运转时，关闭接在液压泵输出油管处的压力表截止阀，压力表读数应在 637～784kPa（注意：截止阀关闭时间不得超过 5min）。在热车状态下，快速转动转向盘至左右极限位置，管路中会产生最高压力，此时系统内应无漏油现象。

（2）储油罐液压油面高度的检查。液压系统不能有渗漏现象，否则应更换各部件的衬垫，并加足液压油至规定刻度。

（3）检查液压油中是否混有空气。启动发动机，使之在 1 000r/min 的转速下运转，并使转向盘在左右极限位置来回转动几次，当油温上升至 40～80℃范围内时，观察油是否有起泡或乳化现象，如有则说明油中混有空气。

当系统中有气体时，应予以排除。排除方法：将车辆前端用支架支起，添加一点液压油，然后启动发动机，让其怠速运转，将转向盘左右转动几次，降下车辆，让发动机以 1 000r/min 的转速运转，再将转向盘转动几次；发动机停转后，检查液压油面，如无起泡和乳化现象，则说明系统中无空气；最后，加液压油至规定量，如果仍有起泡或乳化现象，重复以上过程，直到符合要求为止。

（4）检查动力转向系统中液压油的品质。如果液压油变质、黏度过稠或含有杂质，则应对其进行更换。更换方法：先将回油管拆下，左右转动转向盘，尽量排尽液压油；接着再将回油管接上，向储油罐中加入液压油；然后按以上方法排除系统中的空气，最后加足液压油至规定量。

三、电动助力转向系统

1．电动助力转向系统构造

电动助力转向（EPS）系统（见图 4-36）是在传统机械转向系统的基础上发展起来的。它利用直流电动机提供转向动力，辅助驾驶员进行转向操作。EPS 主要由信号传感装置（包括转向传感器、扭矩传感器和车速传感器等）、转向助力机构（电动机、电磁离合器、减

速传动机构）及电子控制装置（ECU）等组成。电动助力转向系统根据其助力机构的不同可以分为电动液压式（EPHS）和直接助力式两种。

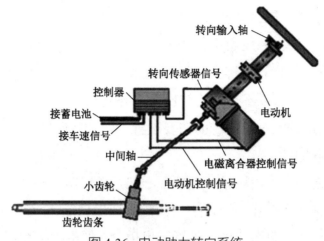

图 4-36 电动助力转向系统

（1）电动液压式助力转向系统。

电动液压式助力转向系统的液压泵（齿轮泵）通过电动机驱动，与发动机在机械上毫无关系，助力效果只与转向盘角速度和行驶速度有关，是典型的可变助力转向系统。其特点是由 ECU 提供供油特性，汽车低速行驶时助力作用大，驾驶员操纵轻便灵活；在高速行驶时转向系统的助力作用减弱，驾驶员的操纵力增大，具有明显的"路感"，既保证转向操纵的舒适性和灵活性，又提高了高速行驶中转向的稳定性和安全性。

（2）直接助力式电动转向系统。

直接助力式电动转向系统是一种直接依靠电动机提供辅助转矩的动力转向系统，可以根据不同的使用工况控制电动机提供不同的辅助动力。

当转向轴转动时，转矩传感器开始工作，把两段转向轴在扭杆作用下产生的相对转角转变成电信号传给电子控制单元（ECU），ECU 根据车速传感器和转矩传感器的信号决定了电动机的旋转方向和助力电流的大小，并将指令传递给电动机，通过离合器和减速机构将辅助动力施加到转向系统（转向轴）中，从而完成实时控制的助力转向。

EPS 是利用电动机作为助力源，根据车速和转向参数等，由电子控制单元完成助力控制的，其原理可概括如下。

当操纵转向盘时，装在转向盘轴上的扭矩传感器不断地测出转向轴上的扭转信号，该信号与车速信号同时输入电子控制单元（电控单元）。电控单元根据这些输入信号，确定助力扭矩的大小和方向，即选定电动机的电流和转向，调整转向辅助动力的大小。电动机的扭矩由电磁离合器通过减速机构减速增扭后，加在汽车的转向机构上，使之得到一个与汽车工况相适应的转向作用力。

EPS 有许多液压式动力转向系统所不具备的优点。

① 将电动机、离合器、减速装置、转向杆等部件装配成一个整体，这个整体既无管道也无控制阀，结构紧凑、质量减轻。一般 EPS 的质量比液压式 EPS 质量轻 25%左右。

② 没有液压式动力转向系统所必需的常运转转向油泵，电动机只是在需要转向时才接通电源，所以动力消耗和燃油消耗均可降到最低。

③ 省去了油压系统，所以不需要给转向油泵补充油液，也不必担心漏油。

④ 可以比较容易地按照汽车性能的需要设置、修改转向助力特性。

2. EPS 的基本原理

转矩传感器与转向轴（小齿轮轴）连接在一起，当转向轴转动时，转矩传感器开始工作，把输入轴和输出轴在扭杆作用下产生的转角变成电信号传给 ECU，ECU 根据车速传感器和转矩传感器的信号，向电动机控制器发出指令，使电动机输出相应大小和方向的转向助力转矩，从而产生辅助动力，如图 4-37 所示。汽车不转向时，电子控制单元不向电动机控制器发出指令，电动机不工作。因此，它可以很容易地在车速不同时提供不同的电动机助力效果，保证汽车在低速转向行驶时轻便灵活，高速转向行驶时稳定可靠。

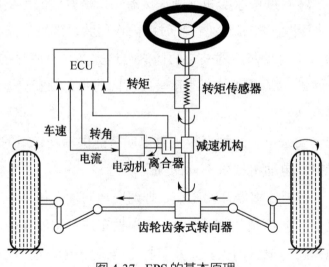

图 4-37 EPS 的基本原理

3. EPS 的优点

相比传统液压动力转向系统，电动助力转向系统具有以下优点。

（1）只在转向时电动机才提供助力，可以显著降低燃油消耗。

（2）转向助力大小可以通过软件调整，能够兼顾低速时的转向轻便性和高速时的操纵稳定性，回正性能好。

传统的液压助力转向系统所提供的转向助力大小不能随车速的提高而改变。这样就使得车辆虽然在低速时具有良好的转向轻便性，但是在高速行驶时转向盘太轻，产生

转向"发飘"的现象，驾驶员缺少显著的"路感"，降低了高速行驶时的车辆稳定性和安全性。

（3）结构紧凑，质量轻，生产线装配好，易于维护保养。

电动助力转向系统取消了液压转向油泵、油缸、液压管路、油罐等零部件，而且电动机及减速机构可以和转向柱、转向器做成一个整体，使得整个转向系统结构紧凑，质量轻，在生产线上的装配性好，节省装配时间，易于维护保养。

（4）通过程序的设置，电动助力转向系统容易与不同车型匹配，可以缩短生产和开发的周期。

4．EPS 的类型

根据助力电动机的安装位置不同，EPS 系统又可以分为转向柱助力型（Column EPS，C-EPS）、小齿轮助力型（Pinion EPS，P-EPS）、齿条助力型（Rack EPS，R-EPS）三种。转向柱助力型 EPS 的电动机固定在转向轴一侧，通过减速机构与转向轴相连，直接驱动转向柱助力转向。小齿轮助力型 EPS 的电动机和减速机构与小齿轮相连，直接驱动齿轮助力转向。齿条助力型 EPS 的电动机和减速机构则直接驱动齿条提供助力。

（1）转向柱助力电子转向机。

转向柱助力电子转向机（见图 4-38）的扭矩传感器和助力机构装在转向管柱上，在转向管柱下面连接的是一个机械的转向机。机械转向机的齿轮齿条传递结构有固定传动比的，也有不固定传动比的。转向柱助力电子转向机的出现，使得紧凑型汽车驾驶员在城市中行驶或驻车时也能得到舒适的转向性能。

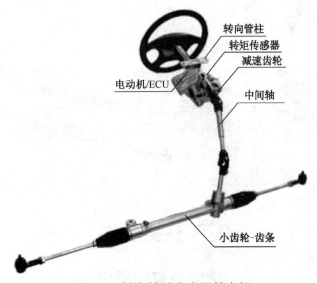

图 4-38　转向柱助力电子转向机

它的优点是整个转向系统的重量很轻，占用的空间也很小；缺点是转向机的功率也很小，只能运用在轻型车上，助力要通过输入轴传递到转向机上，输入轴需要承受助力，降

低了安全性。

（2）小齿轮助力电子转向机。

小齿轮助力电子转向机（见图4-39）的扭矩传感器和助力机构装在小齿轮上，电动机的输出力矩通过蜗轮蜗杆减速机构作用在小齿轮上。在小齿轮助力电子转向机出现之前，中型乘用车上通常把液压助力转向机作为标准配置。和液压助力转向机相比，小齿轮助力电子转向机提供了更高的转向机精确性，更高的安全性和更高的行驶舒适性。

与转向柱助力式电子转向机相比，小齿轮助力式电子转向机可以提供更高的助力，可以满足中型乘用车所需的转向机齿条助力比。小齿轮助力式电子转向机的助力机构直接助力在转向小齿轮上，转向管柱、输入轴和万向节上只承受驾驶员施在方向盘上的转响力矩，提高了转向机安全性。

（3）齿条助力式电子转向机。

齿条助力式电子转向机是直接将电动机布置在齿条上的（见图4-40）。扭矩传感器装在驱动小齿轮上，电动机的输出力矩通过循环球减速传动机构传递到转向机的齿条上，助力机构的位置可以在齿条的周向和轴向上任意选择。因此，它保证了空间转向机布置的弹性。这种系统的助力较大，适用于中大型的车辆。

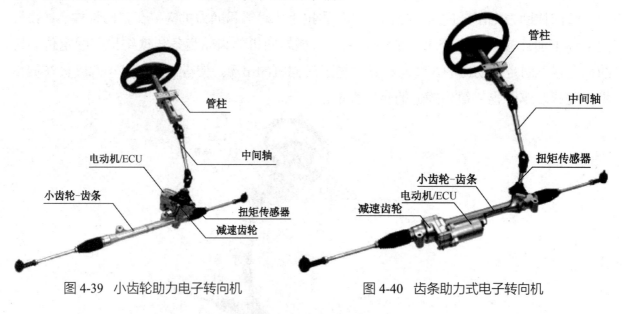

图 4-39　小齿轮助力电子转向机　　　　图 4-40　齿条助力式电子转向机

任务实施

转向油液的更换

1. 放油

（1）支起汽车前部，使两前轮离开地面。

（2）拧下转向储油罐盖，拆下转向油泵回油管，然后将转向油排放到容器中。

（3）发动机怠速运转，在放转向油的同时，左右转动转向盘。

2．加油与排气

（1）启动发动机，向转向储油罐内加注符合规定的转向油。

（2）停止发动机工作，支起汽车前部，并用支架支撑，连续从左到右转动转向盘若干次，将转向系统中多余的空气排出。

（3）检查转向储油罐中的油面高度，视需要加至"Max"标记处。

（4）降下汽车前部，启动发动机怠速运转，连续转动转向盘，注意油面高度的变化，油面下降时应不断加注转向油，直到油面停留在"Max"处，并保证转动转向盘后储油罐中不再出现气泡。

3．排空气

（1）发动机启动后，左右转动转向盘，将转向器转至极限位置5～10次，如果系统中混有大量空气，自动排挡液混浊，系统会发出严重的噪声，这时需重复上述步骤，使油温升高，将空气排尽。

（2）转向盘保持在极限位置的时间不得超过8s，否则容易造成叶片泵过热而损坏。

（3）若转向盘转到极限位置时有比较明显的"嘶嘶"声，此"嘶嘶"声为叶片泵过载保护卸荷的声音，属于正常现象。

◯ 素养与思政

本任务要求分组训练，各小组必须按照规范的操作方式对转向器进行换油，力求将转向油液更换工作做到精益求精，任务完成后各小组组织观看大国重器视频，培养学生的爱国主义精神，各小组在实训过程中必须团结一致、相互合作学习，操作过程中注意安全，要求全程实现7S管理。

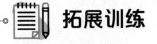 拓展训练

液压式动力转向系统常见故障诊断与排除

1．动力转向沉重

（1）故障主要原因。

① 转向过紧、损坏。

② 齿条和小齿轮啮合间隙过小。

③ 转向拉杆的球头座连接过紧。

④ 前轮定位值不正确，主销后倾角或内倾角过大。

⑤ 转向装置润滑不良。

（2）故障排除方法。

① 调整叶轮泵传动带。

② 加注液压油，并排除系统中的空气。

③ 检修叶轮泵，必要时更换。

④ 检修转向主轴、轴承。

⑤ 调整齿条和小齿轮啮合间隙。

⑥ 检修或更换转向拉杆的球头座连接零件。

⑦ 调整前悬架。

⑧ 润滑各连接处。

2．转向系统噪声

（1）故障主要原因。

① 储油罐油量过少。

② 系统内混入空气。

③ 液压泵三角皮带松动。

④ 泵轴承或泵体损坏。

⑤ 液压泵安装螺栓松动。

（2）故障及排除方法。

① 检查储油罐油面，如油面过低，应加注液压油使油面达到略高于标尺的位置。

② 排放液压系统内的空气。

③ 调紧松动的泵传动带。

④ 检修叶轮泵，必要时对损坏部件进行更换。

⑤ 液压泵安装不牢固，螺栓螺母松动或其他部位连接不紧固，而导致噪声，应正确安装泵体，紧固所有松动部位。

3．左右转向轻重不同

（1）故障主要原因。

① 分配阀滑阀调整不当，滑阀已偏离中间位置。

② 分配阀滑阀台肩两侧的预开缝隙不等。

③ 滑阀或阀体台肩处有毛刺或碰伤。

④ 滑阀内有污物，使滑阀或反作用柱塞卡住，造成左右移动阻力不等。

⑤ 动力缸一侧有空气。

（2）故障排除方法。

① 转向控制阀（或液阀）不在中间位置，或虽在中间位置但与阀体模肩的间隙不相

等，调整位置。

② 液压系统油腔内渗入空气，排除空气。

③ 维修，严重的更换滑阀或阀体台肩。

④ 转向控制阀内有杂物、污垢，使左右转动阻滞，阻力大小不同，清洗阀体。

⑤ 液压系统中有漏油之处，更换油封或漏油零件。

 技能训练

要求：

1. 更换汽车实训室里面轿车的转向器油；

2. 按照规范的工艺要求拆装，注意安全，全程要求 7S 管理。

制动系统

项目描述

　　赵先生从北海开车去桂林送海鲜，当汽车行驶 200km 后，汽车后尾有异响，随后踩刹车紧急制动，发现汽车不容易停下来，制动距离比原来长了几倍，开去修理厂检查后，发现是摩擦片需要更换。本项目主要学习制动系统零部件的构成、工作原理及拆装检修等内容。

制动器的构造与工作原理

知识目标

1. 了解鼓式与盘式制动器的构造。
2. 掌握鼓式与盘式制动器工作原理。

能力目标

1. 能测量制动踏板的自由行程与踏板行程。
2. 能拆装、检修鼓式制动器。
3. 能拆装、检修盘式制动器。

思政目标

1. 通过制动器规范拆装流程，培养学生精益求精的工匠精神。
2. 通过学生小组合作学习，培养学生爱岗敬业、团结互助的价值观。
3. 通过制动的国家标准，学习相关的法律法规。

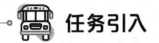

制动器的主要功用是使行驶中的汽车减速甚至停车，使下坡行驶的汽车速度保持稳定，使已停驶的汽车保持不动。制动器有鼓式制动器和盘式制动器两种。本任务主要介绍制动器的构造、工作原理及相关零部件的拆装检修方法等知识。

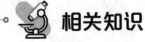

 概述

可以强制降低汽车行驶速度的一系列专门装置称为制动系统。制动系统主要由供能装置、控制装置、传动装置和制动器四部分组成。

1. 制动系统的作用

（1）使行驶中的汽车按照驾驶员的要求减速或停车。

（2）使下长坡的汽车保持稳定的车速。

（3）使停驶的汽车在各种路况下可靠驻停。

2．制动系统的分类

（1）根据制动的目的及操作不同，制动系统可分为以下几种。

① 行车制动装置。一般以液压为主要操作动力，同时加有真空助力辅助制动，使驾驶员易于操作。但大型卡车、客车则以压缩空气制动为主，也有采用电气制动的。

② 驻车制动装置。其一般为机械式，以手动操作为主。驻车制动主要是用于停车后，以防止车辆滑移。安装在传动轴上的驻车制动装置称为中央制动器，安装在后轮上的称为复合式制动器。在行车制动装置失效时或在坡道上起步时，可临时使用驻车制动装置。

③ 应急制动装置。应急制动是用独立的管路控制车轮制动器的，一般是作为备用系统。

较为完善的制动系统还具有制动力调节装置、报警装置、压力保护装置等附加装置。

（2）按传动机构的动力源不同，制动系统可分为以下几种。

① 人力制动系统，它又包括机械式、液压式。

② 动力制动系统，它又包括真空液压式、气压式、空气液压式。

③ 伺服制动系统或助力制动系统，它是兼用人力和发动机动力进行制动的制动系统。

3．制动装置的工作原理

行车制动装置结构如图 5-1 所示。

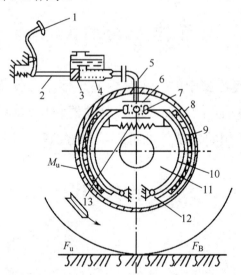

1—制动踏板；2—推杆；3—主缸活塞；4—制动主缸；5—油管；6—制动轮缸；
7—制动轮缸活塞；8—制动鼓；9—摩擦片；10—制动蹄；11—制动底板；
12—支承销；13—制动蹄回位弹簧

图 5-1 行车制动装置结构

踩下制动踏板 1，推杆 2 推动主缸活塞 3，使制动液经油管 5 进入制动轮缸 6，推动制动轮缸活塞 7 活动使制动蹄 10 张开与制动鼓全面贴合压紧。此时，不旋转的摩擦片 9

对旋转的制动鼓 8 产生一个摩擦力矩，其方向与车轮旋转方向相反，大小取决于轮缸的张力、摩擦系数、制动鼓及制动蹄的尺寸。制动鼓 10 将该力矩传到车轮，车轮对地面有一个作用力，同时地面对车轮也有一个反作用力，方向与汽车行驶的方向相反。这个力就是车轮受到的制动力。制动力由车轮经车桥和悬架传给车架和车身，使整个汽车减速甚至停车。放松制动踏板 1，在回位弹簧的作用下，制动蹄 10 与制动鼓 8 的间隙恢复，制动解除。

4. 制动踏板高度和自由行程的检查与调整

（1）制动踏板高度。该参数指地面到制动踏板表面的距离，如图 5-2 所示。

（2）制动踏板自由行程。踏板自由行程是为保证不发生制动拖滞、彻底解除制动而设置的一个制动前距离，如图 5-3 所示。

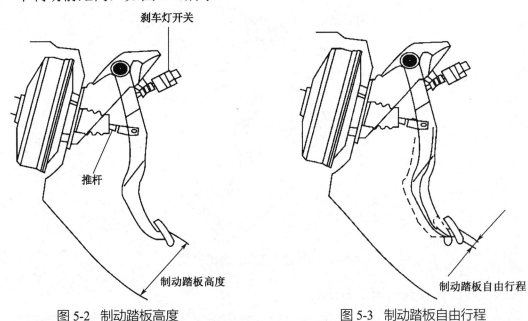

图 5-2 制动踏板高度　　　　　　　　图 5-3 制动踏板自由行程

（3）制动踏板行程余量。该参数指制动器完全起制动作用后，地面到制动踏板表面的距离，如图 5-4 所示。测量时该距离要符合原厂的规定，如丰田威驰轿车为 70～80mm。

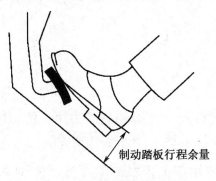

图 5-4 制动踏板行程余量

制动踏板高度和自由行程的检查与调整要遵循的原则：应先检查制动踏板的高度，制

动踏板的高度正常后再检查和调整制动踏板的自由行程；如果制动踏板的高度改变，要重新检查制动踏板的自由行程。

制动踏板自由行程的检查与调整方法如下。

① 将发动机熄火，踩制动踏板数次，直到真空助力器不存在真空。

② 踩下制动踏板，直到感觉有阻力为止，用直尺测量制动踏板的自由行程。制动踏板自由行程应符合原厂要求。例如，解放微型货车参考值为 10～15mm，丰田威驰轿车为 1～6mm。

③ 若制动踏板自由行程不符合标准值，则可通过调节制动推杆来改变其自由行程。调整方法：松开总泵推杆的锁止螺母，拧动推杆，通过改变其长度进行调整。调整完毕后，再拧紧锁止螺母，如图 5-5 所示。

图 5-5　制动踏板自由行程的调整

制动踏板高度的检查与调整方法如下。

制动器处于自由状态时，在制动踏板与驾驶室底板之间立一直尺，测量制动踏板高度，以所测值与标准值对比，并对比是否符合规定值，若不符合应调整。调整方法与自由行程的调整方法一样。

 制动器

1. 定义

制动器是通过固定元件对旋转元件施加制动力矩，使旋转元件的旋转角速度降低，同时依靠车轮与路面的附着作用，使路面产生对车轮的制动力以使汽车减速的部件。

凡是利用固定元件与旋转元件工作表面的摩擦产生制动力矩的制动器均被称为摩擦制动器。汽车上常用的制动器是摩擦制动器。

2．类型

制动器按照结构不同，可分为鼓式制动器和盘式制动器（见图 5-6）。

图 5-6　盘式制动器

制动器按安装位置不同，可分为车轮制动器和中央制动器。车轮制动器可用于行车制动和驻车制动，中央制动器只用于驻车制动和缓速制动。

三、鼓式制动器

鼓式制动器的旋转元件是制动鼓，固定元件是制动蹄。制动时，制动蹄在促动装置作用下向外旋转，外表面的摩擦片压靠到制动鼓的内圆柱面上，对制动鼓产生制动摩擦力矩。

鼓式制动器如图 5-7 所示。

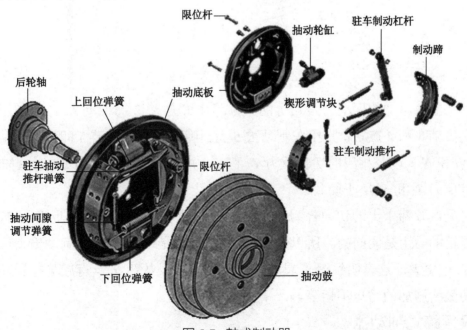

图 5-7　鼓式制动器

鼓式车轮制动器分为内张式和外束式两种。汽车上常采用内张式。由于制动蹄张开机构的形式、张开力的作用点和制动蹄支撑点的布置等不同，使得制动器的工作性能也不一

样。根据制动时两制动蹄对制动鼓作用的径向力是否平衡，鼓式制动器分为领从蹄式制动器、双领蹄式制动器、双从蹄式制动器、单向自增力式制动器、双向自增力式制动器。

1．领从蹄式制动器

领从蹄式制动器的特点是两个制动蹄各有一个支点，一个蹄在轮缸促动力作用下张开时的旋转方向与制动鼓的旋转方向一致，称为领蹄；另一个蹄张开时的旋转方向与制动鼓的旋转方向相反，称为从蹄。

领蹄在摩擦力的作用下，蹄和鼓之间的正压力较大，制动作用较强。从蹄在摩擦力的作用下，蹄和鼓之间的正压力较小，制动作用较弱。

领从蹄式制动器的两个制动蹄作用在制动鼓上的法向反力大小不等，这种制动器称为非平衡式制动器。

领从蹄式制动器如图 5-8 所示，受力分析如下。

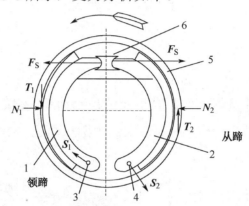

1—领蹄；2—从蹄；3、4—支承销；5—制动鼓；6—制动分泵

图 5-8 领从蹄式制动器

制动时两活塞施加的促动力是相等的。领蹄 1 和从蹄 2 在促动力 F_S 的作用下，分别绕各自的支撑销 3 和 4 旋转，紧压在制动鼓 5 上。旋转着的制动鼓 5 即对两制动蹄分别作用法向力 N_1 和 N_2，以及相应的切相反力 T_1 和 T_2，两蹄上的这些力分别被各自的支撑销 3 和 4 的支点反力 S_1 和 S_2 所平衡。

由此可见，领蹄 1 上的切向合力 T_1 所造成的绕支撑销 3 的力矩与促动力 F_S 所造成的绕同一支撑销的力矩是同向的。所以力 T_1 的作用结果是使领蹄 1 在制动鼓上压得更紧，从而使力 T_1 也更大。这表明领蹄 1 具有增势作用，相反从蹄 2 具有减势作用，所以两制动蹄对制动鼓所施加的力矩不相等。

2．双领蹄式制动器

汽车前进时两个制动蹄均为领蹄的制动器称为双领蹄式制动器。

（1）单向双领蹄式制动器。单向双领蹄式制动器（见图 5-9）与领从蹄式制动器在结构上主要有两点不相同：一是双领蹄式制动器的两制动蹄各用一个单活塞式轮缸，而领从

蹄式制动器的两蹄共用一个双活塞式轮缸；二是双领蹄式制动器的两套制动蹄、制动轮缸、支撑销在制动底板上的布置是中心对称的，而领从蹄式制动器中的制动蹄、制动轮缸、支撑销在制动底板上的布置是轴对称布置的。

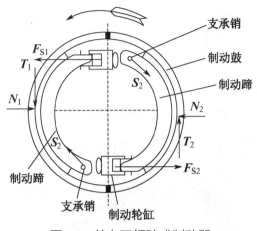

图 5-9　单向双领蹄式制动器

（2）双向双领蹄式制动器。双向双领蹄式制动器使用了两个双活塞轮缸，无论汽车前进还是倒车，都是双领蹄式制动器，故称双向双领蹄式制动器，如图 5-10 所示。

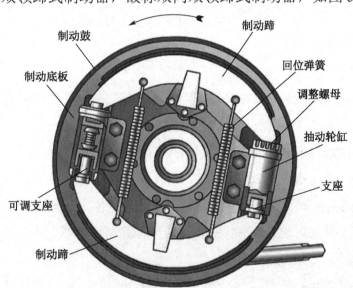

图 5-10　双向双领蹄式制动器

与领从蹄式制动器相比，双向双领蹄式制动器在结构上有三个特点：一是采用两个双活塞式制动轮缸；二是两制动蹄的两端都采用浮式支撑，且支点的周向位置也是浮动的；三是制动底板上的所有固定元件，如制动蹄、制动轮缸、回位弹簧等都是成对的，而且既按轴对称又按中心对称布置。

在前进制动时，所有的轮缸活塞都在液压作用下向外移动，将两制动蹄压靠到制动鼓上。在制动鼓的摩擦力矩作用下，两蹄都绕车轮中心朝箭头所示的车轮旋转方向转动，将

两轮缸活塞外端的支座推回，直到顶靠到轮缸端面为止。此时，两轮缸的支座就成为制动蹄的支点。

倒车制动时，摩擦力矩的方向相反，使两制动蹄绕车轮中心逆箭头方向转过一个角度，将可调支座连同调整螺母一起推回原位，于是两个支座便成为制动蹄的新支撑点。这样，每个制动蹄的支点和促动力作用点的位置都与前进制动时相反，其制动效能同前进制动时完全一样。

3．双从蹄式制动器

前进制动时两制动蹄均为从蹄的制动器称为双从蹄式制动器，如图 5-11 所示。

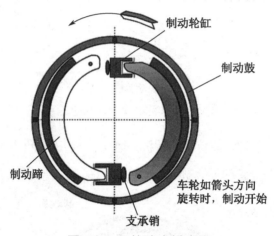

制动轮缸

制动鼓

制动蹄

车轮如箭头方向
旋转时，制动开始

支承销

图 5-11　双从蹄式制动器

这种制动器与双领蹄式制动器结构很相似，二者的差异只在于固定元件与旋转元件的相对运动方向不同。虽然双从蹄式制动器的前进制动效能低于双领蹄式和领从蹄式制动器，但其效能对摩擦系数变化的敏感程度较小，即具有良好的制动效能稳定性。

单向双领蹄式、双向双领蹄式、双从蹄式制动器的固定元件布置都是中心对称的。如果间隙调整正确，则其制动鼓所受两蹄施加的两个法向合力能互相平衡，不会对轮毂轴承造成附加径向载荷。因此，这 3 种制动器都属于平衡式制动器。

4．单向自增力式制动器

单向自增力式制动器的特点是两个制动蹄只有一个单活塞的制动轮缸，第二制动蹄的促动力来自第一制动蹄对顶杆的推力，两个制动蹄在汽车前进时均为领蹄，但倒车时能产生的制动力很小。

如图 5-12 所示，汽车前进制动时，单活塞式轮缸将促动力 F_{S1} 加于第一制动蹄，使其上压靠到制动鼓上。第一制动蹄是领蹄，并且在各力作用下处于平衡状态。顶杆是浮动的，将与力 F_{S1} 大小相等、方向相反的促动力 F_{S2} 施于第二制动蹄。故第二制动蹄也是领蹄。作用在第一蹄上的促动力和摩擦力通过顶杆传到第二制动蹄上，形成第二制动蹄促动力 F_{S2}。对第一制动蹄进行受力分析可知，$F_{S2} > F_{S1}$。此外，力 F_{S2} 对第二制动蹄支撑点的力

臂也大于力 F_{S1} 对第一制动蹄支撑的力臂。因此，第二制动蹄的制动力矩必然大于第一制动蹄的制动力矩。

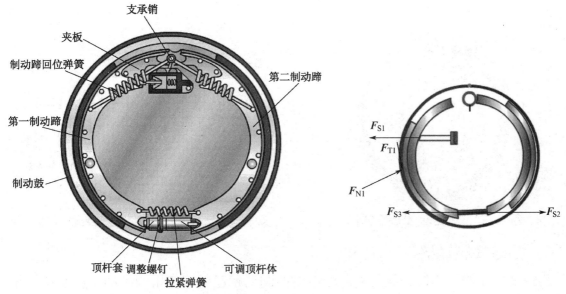

图 5-12　单向自增力式制动器

倒车制动时，F_{S3} 成了第一制动蹄的促动力，因为 $F_{S3}<F_{S2}$，故第一制动蹄的制动效能比一般领蹄低得多，第二制动蹄则因未受促动力而不起制动作用。

5. 双向自增力式制动器

双向自增力式制动器的特点是两个制动蹄的上方有一个双活塞制动轮缸，轮缸的上方还有一个制动蹄支撑销，两制动蹄的下方用顶杆相连，无论汽车前进还是倒车，都与自增力式制动器相当，故称双向自增力式制动器。

它的结构与单向自增力式制动器的不同之处主要是采用双活塞式制动轮缸，可向两蹄同时施加相等的促动力 F_S。

制动鼓正向（见图 5-13）旋转时，前制动蹄为第一制动蹄，后制动蹄为第二制动蹄；制动鼓反向旋转时则情况相反。由图 5-14 可见，在制动时，第一制动蹄只受一个促动力 F_S 而第二制动蹄则有两个促动力 F_S 和 S，且 $S>F_S$。考虑到汽车前进制动的机会远多于倒车制动，且前进制动时制动器工作负荷也远大于倒车制动，故后蹄的摩擦片面积做得较大（摩擦片做得较长）。

不制动时，两制动蹄的上端在回位弹簧的作用下浮支在支承销上，两制动蹄的下端在拉簧的作用下浮支在浮动的顶杆两端的凹槽中。

汽车前进制动时，制动轮缸（图 5-14 中未画出）的两活塞向两端顶出，使前后制动蹄离开支承销并压紧到制动鼓上，于是旋转着的制动鼓与两制动蹄之间产生摩擦。由于顶杆是浮动的，前后制动蹄及顶杆沿制动鼓的旋转方向转过一个角度，直到后制动蹄的

上端再次压到支承销上，此时制动轮缸促动力进一步增大。由于从蹄受顶杆的促动力大于轮缸的促动力，从蹄上端不会离开支承销。汽车倒车制动时，制动器的工作情况与上述相反。

图 5-13 双向自增力式制动器

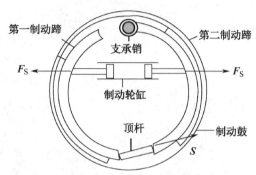

图 5-14 双向自增力式制动器受力分析

6. 凸轮式制动器

凸轮式制动器是用凸轮取代制动轮缸对两制动蹄起促动作用的制动器，通常利用气压使凸轮转动。

凸轮式制动器一般是领从蹄式。制动时，制动调整臂在制动气室的推杆作用下带动凸轮轴转动，使得两制动蹄压靠到制动鼓上而制动。由于凸轮轮廓的中心对称性及两蹄结构和安装的轴对称性，凸轮转动所引起的两蹄上相应点的位移必然相等。图 5-15 为凸轮式制动器工作原理。

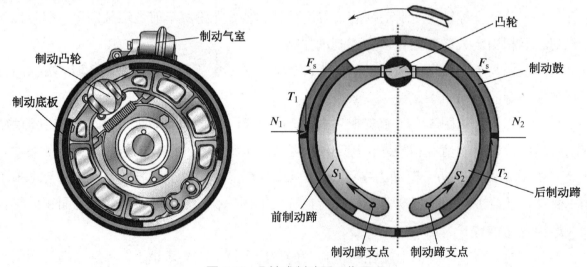

图 5-15 凸轮式制动器工作原理

前、后制动蹄在凸轮的作用下压向制动鼓，制动鼓对前、后制动蹄产生摩擦作用。在摩擦力的作用下，前制动蹄有离开凸轮的趋势，致使凸轮对前制动蹄的压力有所减小；后制动蹄有靠紧凸轮的趋势，致使凸轮对后制动蹄的压力有所增大。由于前制动蹄有领蹄作

用，后制动蹄有从蹄作用，又有凸轮对前制动蹄促动力较小，对后制动蹄促动力较大这一情况，所以前、后制动蹄的制动效果是接近的。

凸轮制动器制动调整臂的内部为蜗轮蜗杆传动，蜗轮通过花键与凸轮轴相连。正常制动时，制动调整臂体带动蜗杆绕蜗轮轴线转动，蜗杆又带动蜗轮转动，从而使凸轮旋转，张开制动蹄起制动作用。

四、盘式制动器

盘式制动器摩擦副中的旋转元件是以端面工作的金属圆盘，被称为制动盘。其固定元件则有多种结构形式，大体上可分为两类。

一类是工作面积不大的摩擦块与其金属背板组成的制动块，每个制动器中有 2～4 个。这些制动块及其促动装置都装在横跨制动盘两侧的夹钳形支架中，总称为制动钳。这种由制动盘和制动钳组成的制动器称为钳盘式制动器。

另一类固定元件的金属背板和摩擦片也呈圆盘形，制动盘的全部工作面可同时与摩擦片接触，这种制动器称为全盘式制动器。

盘式制动器与鼓式制动器相比有以下优点：一般无摩擦助势作用，因而制动器效能受摩擦系数的影响较小，即效能较稳定；浸水后效能降低较少，而且只需经一两次制动即可恢复正常；在输出制动力矩相同的情况下，尺寸和质量一般较小；制动盘沿厚度方向的热膨胀量极小，不会像制动鼓的热膨胀那样使制动器间隙明显增加而导致制动踏板行程过大；较容易实现间隙自动调整，其他保养修理作业也较简便。对于钳盘式制动器而言，因为制动盘外露，其还有散热良好的优点。盘式制动器的不足之处是效能较低，故用于液压制动系统时所需制动促动管路压力较高，一般要用伺服装置。

1. 定钳盘式制动器

定钳盘式制动器如图 5-16 所示，跨置在制动盘上的制动钳体固定安装在车桥上，它不能旋转也不能沿制动盘轴线方向移动，其内部的两个活塞分别位于制动盘的两侧。制动时，制动油液由制动总泵（制动主缸）经进油口进入钳体两个相通的液压腔中，将两侧的摩擦块压向与车轮固定连接的制动盘，从而进行制动。

这种制动器的缺点：油缸较多，使制动钳结构复杂；油缸分置于制动盘两侧，制动钳的尺寸太大。热负荷大时，油缸和油管或油道中的制动液容易受热汽化；若要兼用于驻车制动，则必须加装一个机械促动的驻车制动钳。

由于上述缺点，定钳盘式制动器目前使用较少。

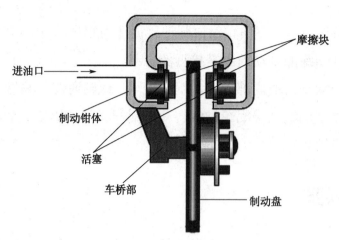

图 5-16 定钳盘式制动器

2. 浮钳盘式制动器

（1）结构。浮钳盘式制动器如图 5-17 所示，与定钳盘式制动器相比有以下特点。

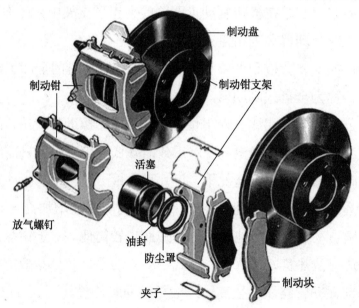

图 5-17 浮钳盘式制动器

① 制动钳可以相对制动盘做轴向滑动。

② 只在制动盘的内侧设置油缸，而外侧的制动块则附装在钳体上。

③ 只有一个活塞。

（2）工作原理。制动钳体通过导向销与车桥相连，可以相对于制动盘进行轴向移动。制动钳体只在制动盘的内侧设置油缸，而外侧的固定制动块则附装在钳体上。制动时，液压油通过进油口进入制动油缸，推动活塞及制动块向左移动，压到制动盘上，并使得油缸连同制动钳体整体沿导向销向右移动，直到制动盘左侧的固定制动块也压到制动盘上，夹住制动盘并使其制动，如图 5-18 所示。

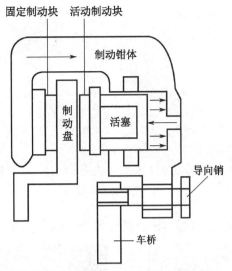

图 5-18 浮钳盘式制动器工作原理

（3）优点。与定钳盘式制动器相比，浮钳盘式制动器轴向和径向尺寸较小，而且制动液受热气化的机会较少。此外，浮钳盘式制动器在需要同时用于行车和驻车制动器时，只需在行车制动钳油缸附近加装一些用于推动油缸活塞的驻车制动机械传动零件即可。

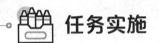

任务实施

一、鼓式制动器的拆卸

（1）拧松轮胎螺栓，将汽车平稳支撑起来，拆卸轮胎，如图 5-19 所示。

图 5-19 拆卸轮胎

💡 **注意**

拧松轮胎螺栓时，注意螺栓的旋向。拆卸制动鼓前，应先使制动蹄回位。

（2）拆卸半轴与轮毂的连接螺栓，取下半轴，如图 5-20 所示。在取出半轴时要注意保护好花键端的轴承位置。

图 5-20　取下半轴

（3）用螺栓将制动鼓顶松，然后用手将制动鼓抱着拉出来，如图 5-21 所示。

图 5-21　拆卸制动鼓

（4）用专用套筒拆卸锁紧螺母，取出保险垫片、调整螺母，如图 5-22 所示。

图 5-22　拆卸保险片和调整螺母

💡 **注意**

调整螺母和锁紧螺母不同，调整螺母比锁紧螺母多出一个定位销，要注意区分。

（5）用拉马将制动器的轮毂拉松，使轴承脱离轴承位后，将外轴承、油封小心地拿出来，如图 5-23 所示。在即将拉出来时，要防止轮毂外轴承掉在地上并防止制动鼓滑落。同样用拉马将内轴承拉出来，取出油封。注意轮毂内轴承、油封的方向和位置。

（6）用旋具、鲤鱼钳或螺丝刀将右制动蹄的回位弹簧拆下来，如图 5-24 所示。

图 5-23　拆卸内、外轴承和油封

图 5-24　拆卸回位弹簧

💡 **注意**

拆制动蹄的回位弹簧时，要注意安全，不要划伤手。

（7）用同样的方法拆卸左制动蹄的回位弹簧。

💡 **注意**

左制动蹄的回位弹簧是下钩的，在装复的时候要注意，不要装错。

（8）拆卸左、右制动蹄的压紧装置，取下左、右制动蹄，拉紧弹簧和调整器，如图 5-25 所示。

图 5-25　拆卸制动蹄

💡 **注意**

左、右制动蹄的摩擦片是长短不一样的，注意区分，后面（靠近车尾）的摩擦片较长。

（9）拆卸制动分泵，如图 5-26 所示。拆卸时要注意两端的活塞，不要让活塞掉出来。在检修时，如果不漏油，一般不拆制动分泵。如无损坏，不拆制动底板。

图 5-26　拆卸制动分泵

二、鼓式制动器的装配

（1）将拆卸下来的所有零部件清洗干净，并用干净的压缩空气吹干待用。

（2）装制动分泵，将左、右制动蹄用拉紧弹簧和调整器连接起来，然后整体装到制动底板上。注意，摩擦片较长的制动蹄片应装在右边（靠近车尾）的一边。

（3）将制动蹄片的固定销从制动底板的另一面穿过来，装上弹簧和锁片，如图 5-27 所示。

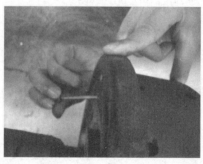

图 5-27　安装固定销

（4）安装弹簧定位片，注意方向应呈正立三角形，如图 5-28 所示；用螺丝刀或其他工具装回位弹簧，如图 5-29 所示。

图 5-28　安装弹簧定位片

图 5-29　安装回位弹簧

（5）安装内轴承油封并在上面均匀地涂上润滑脂，如图 5-30 所示。安装过程中注意油封的安装方向。

图 5-30　涂润滑脂

（6）检查内轴承，并在上面均匀地涂上润滑脂，如图 5-31 所示。用专用工具将内轴承压装到位，如图 5-32 所示。

图 5-31　在内轴承上涂润滑脂　　　　　　　　图 5-32　压装内轴承

（7）安装制动轮毂、外轴承如图 5-33 所示。在装制动轮毂的时候应水平、缓慢地装配到位，轴承及制动轮毂的中间部位应均匀地涂上润滑脂，如图 5-34 所示。

图 5-33　安装制动轮毂　　　　　　　　图 5-34　制动轮毂中间部分涂润滑脂

（8）安装调整螺母、保险垫片、锁紧螺母。调整螺母上有定位销的一面朝外，如图 5-35 所示，调整螺母分两次拧紧，然后退回 1/4～1/2 圈，检查预紧度，如果太松或太紧就要拧紧或放松调整螺母。用手在轴向、径向上用力推拉和摇动轮毂应感觉无间隙；转动轮毂应灵活自如，无卡滞现象。保险垫片可以用尖嘴钳夹着平稳地安装，如图 5-36 所示。

图 5-35　安装调整螺母

图 5-36　安装保险垫片

（9）双手将制动鼓平稳地装在制动轮毂上，对角交叉交替拧紧螺母至规定力矩，如图 5-37 所示。

图 5-37　安装制动鼓

（10）安装半轴。将半轴水平缓慢地装入后桥中，当装到外轴承位时，用手压住半轴凸缘端，再向里推装，如图 5-38 所示。

图 5-38　安装半轴

（11）调整制动装置。在调整制动装置的时候先将制动装置调紧（用手不能转动），然后后退 3～6 格，直到制动鼓能自由转动无阻力感觉为止，如图 5-39 所示。

图 5-39　调整制动装置

（12）排空气。将制动系统中的空气排出。此操作需要两人配合共同完成，一人踩动制动踏板数次（5 次左右），当有明显的阻力时踩住踏板不动；另一个人旋松排气阀让制动液流出，然后再拧紧。如此反复进行，直到排出的制动液中无气泡为止。

（13）制动性能的检验。根据《机动车运行安全技术条件》

（GB 7258—2017）要求：机动车行车制动性能和应急制动性能检验应在平坦、硬实、清洁、干燥且轮胎与地面间的附着系数不小于 0.7 的水泥或沥青路面上进行。

低速货车空载以 30km/h 的速度行驶，踩下制动踏板后，车辆应在 8m 内完全停止。

乘用车空载以 50km/h 的速度行驶，踩下制动踏板后，车辆应在 19m 内完全停止。

三、鼓式制动器的检修

1. 制动蹄摩擦片厚度

（1）用游标卡尺或直尺测量制动蹄摩擦片的厚度，如图 5-40 所示，标准值为 5mm，使用极限为 2.5mm。其铆钉与摩擦片表面距离不得小于 1mm。

（2）目测检查制动蹄摩擦片的表面。表面应无裂痕、损坏、烧坏等现象。已烧坏或光滑（像玻璃表面）的摩擦片使用 120～200 号的砂纸研磨修补（砂纸打磨），如图 5-41 所示。

图 5-40　测量制动蹄摩擦片的厚度

图 5-41　用砂纸打磨摩擦片

2. 制动鼓

（1）用游标卡尺测量制动鼓的内径（见图 5-42），其圆度误差不得大于 0.15mm，直径不得超过规定的极限值。制动蹄摩擦片与制动鼓之间的正常间隙为 0.15～0.25mm。

（2）目测检查制动鼓内表面应无烧损、刮痕、凹陷和缺损等现象。用敲击法检查应无裂痕。

（3）将后制动鼓摩擦衬片表面打磨干净后，靠在后制动鼓上，如图 5-43 所示，检查二者的接触面积，应不小于 70%。

图 5-42　制动鼓内径的测量

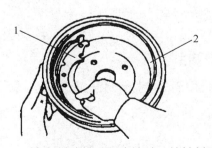

图 5-43　检查制动鼓 2 和摩擦片 1 的接触面积

3. 制动分泵

用尖嘴钳或其他工具检查制动分泵的活塞，应转动灵活、伸缩自如，如图 5-44 所示。目测检查油封应无漏油现象，表面应无裂痕、破损、老化等缺陷。

图 5-44 检查制动分泵活塞

4. 前轴（转向节）

（1）目测检查前轴表面应无刮痕、烧伤及严重磨损等缺陷。

（2）用千分尺检查前轴上轴承位置的圆度及圆柱度，如图 5-45 所示，其误差不得超过原厂要求。

图 5-45 测量前轴上轴承安装位置的圆度和圆柱度

5. 回位弹簧的检查

（1）目测检查弹簧应无裂痕、变形等缺陷。用手拉弹簧弹力应良好。

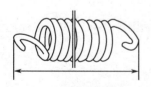

图 5-46 测量弹簧自由长度

（2）用直尺测量弹簧的自由长度（见图 5-46），若弹簧自由长度增加 5%，则应更换新弹簧。

6. 轴承

目测检查轴承表面应无刮痕、烧伤及严重磨损等缺陷，用手转动应转动灵活、无卡滞现象，如图 5-47 所示。

7. 油封

目测检查油封应无漏油现象，表面无裂痕、破损、老化等缺陷，油封唇口完好，如图 5-48 所示。

图 5-47 轴承的检查

图 5-48 目测检查油封

四、盘式制动器的拆卸

（1）拧松轮胎的螺栓，用举升机将汽车升起，拆卸车轮，如图 5-49 所示。

图 5-49 拆卸车轮

💡 **注意** _____

轮胎的高度位置和人的胸部平齐即可，以方便拆装。

（2）拆卸制动钳螺栓，如图 5-50 所示。制动系统的液压部分无故障可以不拆油管。

图 5-50 拆卸制动钳螺栓

（3）拆卸制动钳，如图 5-51 所示。如果检查制动摩擦，可以只拆卸一个制动螺栓，然后向上旋转制动钳机构。

（4）拆卸制动摩擦片，如图 5-52 所示。

图 5-51 拆卸制动钳

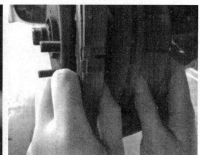

图 5-52 拆卸制动摩擦片

（5）拆卸摩擦片固定弹簧片。注意摩擦片固定弹簧片的结构（见图 5-53），左右摩擦片固定弹簧片的结构是不一样的。

图 5-53 摩擦片固定弹簧片

五、盘式制动器的安装

按拆卸的相反顺序安装。

六、盘式制动器的检修

1. 制动器摩擦片厚度

用直尺测量外制动器摩擦片的厚度。

通过制动卡钳内的检查孔目测检查内制动器摩擦片的厚度，如图 5-54 所示，确保其与外制动器摩擦片没有明显的偏差，确保制动器摩擦片没有不均匀磨损。

如果制动器摩擦片的厚度低于磨损极限（极限为 1mm），则需更换制动器摩擦片。

提示

根据该次检查和上一次检查之间的行驶距离，估计到下一次检查前的行驶距离。通过检查从上一次检查到现在的制动器摩擦片的磨损，估计制动器摩擦片在下一次检查时的情况。在计划下一次检查时，如果估计制动器摩擦片的厚度将会小于可接受的磨损值时，建议车主更换制动器摩擦片。

2. 盘式转子盘磨损和损坏

目测检查制动盘上是否有刻痕、不均匀或者异常磨损及裂纹和其他损坏。

3. 制动液渗漏

检查制动卡钳中是否有液体渗漏，如图 5-55 所示。

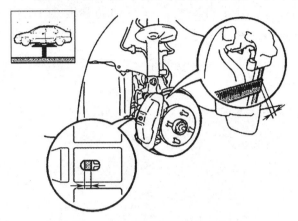

图 5-54　制动器摩擦片检查

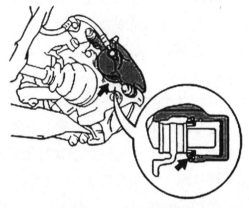

图 5-55　制动液渗漏检查

注意

如果制动液溅出或者粘在油漆上，立即用水漂洗，否则将损坏油漆表面。

4. 盘式转子盘的厚度

使用 0～25mm 的千分尺测量盘式转子盘的厚度（参考值为 19～22mm），如图 5-56 所示。

5. 制动盘跳动

使用磁力表座和百分表测量制动盘跳动（参考值为 0.05mm），如图 5-57 所示。

图 5-56　盘式转子盘的厚度测量

图 5-57　测量制动盘跳动

提示

使用轮毂螺母临时固定制动盘。测量制动盘跳动之前，检查前轮毂轴承的游隙是否在规定的范围以内。

七、制动器空气排除

（1）将清洁的抹布放在制动总泵下方以防止制动液溢出。

（2）将点火开关置于 OFF（关闭）位置且制动器处于冷态时，踩下制动踏板 3～5 次，或直到制动踏板力明显增大，以耗尽制动助力器储备的能量。

（3）向制动主缸储液罐中加注制动液直至 MAX 线处，并保证在整个排气过程中，制动液在半罐以上。

（4）若制动主缸被拆下或拆开，则在任何制动元件排气前，要先将其排气。

（5）在排气阀上安装一个套管，并安装一条透明软管，使管子浸入一个透明容器的干净制动液中，并使液体始终高于软管的端头，否则制动系统会吸入空气而不是液体。

（6）连续踩下制动踏板 3～5 次后，将踏板踩下并压住不动。

（7）慢慢拧开排气阀（一般 1/4～1/2 转足够），排出一阵空气和液体后，拧紧排气阀，并放开踏板。

（8）重复上述过程直至软管或容器中无气泡。若重复排气后仍有空气，则应检查系统的泄漏或接头连接处是否有泄漏。

（9）若整个系统都要进行排气，则应从右后制动器开始，然后对左前、左后、右前制动器进行排气。每个制动器排气后，都应向其加注制动液。

警告

不要重复使用从制动系统中排出的制动液。严禁使制动液溅洒到涂漆表面，否则会使油漆表面损伤。若溅到油漆表面上，则应用水清洗油漆表面。

（10）缓慢地踩下并松开制动踏板 3～5 次，并注意踩制动踏板时的感觉。

（11）如果制动踏板感觉绵软，则执行如下步骤。

① 检查制动系统是否存在外部泄漏，参见制动系统外部泄漏的检查。

② 如装备了防抱死制动系统，则使用故障诊断仪，执行防抱死制动系统自动排气程序，以清除制动压力调节阀中可能夹带的所有空气。

（12）在发动机关闭的情况下，将点火开关置于"ON（打开）"位置。检查制动系统警告灯是否保持点亮。如果制动系统警告灯保持点亮，则要排除相应故障。

素养与思政

本任务要求分组训练，各小组必须按照规范的操作方式对制动器进行拆装、检修，力求将制动器拆装工作、制动器零部件检修工作做到精益求精，弘扬大国工匠精神；各小组在实训过程中必须团结一致、精诚合作；各小组在检修过程中要了解相关国家标准及法律法规，操作过程中注意安全，要求全程实现 7S 管理。

拓展训练

液压制动系统常见故障诊断与排除

1. 制动不灵

（1）故障现象。

汽车行驶中，迅速将制动器踏板踩到底，汽车不能立即减速、停车，制动减速度小，制动距离过长。

（2）故障原因。

① 制动踏板自由行程过大。

② 制动总泵内制动液不足，补偿孔堵塞，总泵的皮碗或皮圈老化、发胀、变形或被踏翻。

③ 制动总泵活塞与缸体磨损过量而松旷漏油，回油阀密封不良，出油阀弹簧折断。

④ 制动分泵皮碗老化、发胀，活塞卡滞，分泵活塞与缸体磨损过量而松旷漏油。

⑤ 制动蹄片磨损严重，制动器间隙过大或间隙调反。

⑥ 制动鼓失圆、起沟或磨损过薄，制动蹄片表面有油、烧蚀硬化、铆钉外露等。

⑦ 管路中制动液气化，形成气阻；液压制动系统中渗入空气；制动系统温度过高。

⑧ 油管接头松动渗漏，制动软管老化、破裂或堵塞。

（3）诊断与排除方法。

当汽车的液压制动系统出现制动不灵时，可采用"三脚制动"（轻踏、快踏和连踏）凭"脚感"法来快速诊断。其具体排除步骤如下所述。

① 第一脚制动：轻踏，即用脚尖或前脚掌轻踏制动踏板。若把踏板踏到全程的三分之二时才感到有制动阻力，则说明踏板自由行程过大，应予调整。当用前脚掌轻踏制动踏板，若踏下制动踏板时感觉踏板比平时硬，甚至踏不动，则说明制动总泵及分泵皮碗发胀、变形以致卡死，或由于制动液使用过久产生了沉淀阻塞了管路，应更换制动液及制动皮碗，并清洗制动管路；若踏下制动踏板时感觉软绵绵的，并富有弹性，则说明液压制动管路内有空气或制动液受热汽化，应拧紧管路接头，根据不同车型，按规定要求进行放气；若踏下制动踏板后松开，此时踏板不能回到原位，则说明制动总泵回油阀或回油孔堵塞。若此时总伴有"扑哧""扑哧"的响声，则说明制动总泵皮碗被踏翻，应疏通总泵回油阀或回油孔，重新装配或更换总泵皮碗。

② 第二脚制动：快踏，即用脚掌快速踏下制动踏板。装有快速自锁接头的液压制动系统若出现轻踏制动踏板时制动有效，而快踏制动踏板时制动无效，则说明是快速自锁接

头装反或接头处两个弹簧弹力调整不当。这样在快踏制动踏板时，接头球部产生自锁现象，制动液不能通过。遇到这种情况，应重新装配，并将来油端压紧弹簧弹力适当调低；若在快踏时，感觉踏板自由行程较小，制动有效，而在缓慢踏下制动踏板时，感觉自由行程较大，制动无效，则说明制动总泵皮碗老化、磨损过甚。保持对制动踏板的压力不变，此时若感觉踏板在继续向下移动，则说明制动管路中有渗漏现象。首先进行外部检查，看制动管有无破裂、管接头处有无松旷，再检查总泵推杆防尘套处和车轮制动分泵处有无制动液漏出，若没有制动液漏出，则说明总泵或分泵皮碗老化破裂或被踩翻，应予以更换。

③ 第三脚制动：连踏，即连续踩踏几次制动踏板。若连续踩几次制动踏板，踏板始终到底且无反力，则说明总泵储液室内缺少制动液，进油孔和储液室盖通气孔堵塞，或者机械连接机构脱落，或者制动皮碗破裂或被踏翻。此时，应向储液室内添加制动液，疏通通气孔，更换制动皮碗；若连续踩几次制动踏板，踏板能升高，且制动效能有好转，则应检查踏板自由行程和车轮制动器间隙。

2．制动拖滞

（1）故障现象。

汽车行驶中，使用一次或几次制动后，汽车起步和加速困难；汽车行驶一段路程后，制动鼓发热。

（2）故障原因。

① 制动踏板无自由行程。

② 制动鼓与制动蹄摩擦片间隙小，制动蹄回位弹簧折断或过软。

③ 制动液脏或黏度大，使得回油困难。

④ 总泵旁通孔回油堵塞，总泵或分泵皮碗或皮圈老化、变形、发胀。

⑤ 总泵活塞回位弹簧软、弹簧折断或活塞卡滞。

（3）诊断及排除方法。

先确定是全车拖滞还是个别车轮拖滞再做进一步的诊断。

如果是全车制动拖滞，做如下检查。

① 检查制动踏板有无自由行程。

② 打开储液室盖，连续踏制动板观察回油情况。若回油缓慢或不回油，检查制动液是否太脏或太黏。如果制动液清澈，踩一次制动后，放松制动踏板，并拧松任意一个分泵放气螺栓，喷出制动液，这时全车制动拖滞现象可以解除。

如果是个别车轮拖滞，做如下检查。

① 支起拖滞的车轮，拧松该分泵排气螺栓，如果制动液急速喷出后制动蹄回动，检查制动油管是否堵塞。

② 放液后，如果制动蹄仍不能回动，检查制动器间隙是否过小。

③ 如果上述检查均正常，则分解检查分泵活塞、皮碗和其他造成制动蹄回位不良的因素。

3．制动跑偏

（1）故障现象。

多是两前轮或两后轮制动力不等或制动力起作用的时间不一致。

（2）故障原因。

① 前轮或后轮某侧分泵内有空气，分泵活塞磨损过大。

② 制动蹄弹簧弹力不均，某侧制动鼓失圆。

③ 各轮摩擦片的接触面积相差太大或摩擦片质量不一致，产生的摩擦力不同。

④ 各轮制动鼓与摩擦片的间隙不一致。

⑤ 某侧摩擦片沾有油污，有铆钉外露现象，两侧轮胎气压不一致。

（3）故障诊断及排除方法。

制动时，根据轮胎拖印情况判断，拖印短或没有拖印的车轮即为制动有故障的车轮。

① 检查该轮制动管路是否漏油，如漏油则更换油管。

② 检查制动蹄与制动鼓的间隙是否合适，不合适则调整。

③ 检查分泵内是否有空气，若无空气渗入，则应拆下制动鼓检修。

④ 分别检查制动器各相关零件是否完好。若各轮拖印基本符合要求，但制动仍跑偏，说明故障不在制动系统本身，应检查车架或前轴的技术状态。

 技能训练

要求：

1．拆装、检测鼓式制动器；

2．拆装、检测盘式制动器；

3．就车测量制动器的自由行程；

4．按照规范的工艺要求拆装，注意安全，全程要求 7S 管理。

 任务 2 **制动传动装置的构造与检修**

 知识目标

1．掌握液压制动总泵的构造。

2．掌握双腔液压制动总泵的工作原理。

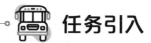 **任务引入**

　　轿车上的制动传动装置有机械式和液压式两种。轿车的行车制动系统都采用了液压传动装置，该装置主要由制动总泵（制动主缸）、液压管路、后轮鼓式制动器中的制动分泵（制动轮缸）等组成；货车则主要采用气压传动装置。本任务主要介绍液压传动装置的构造及检修等知识。

 **相关知识**

一、制动传动装置的作用

　　制动传动装置的作用是将驾驶员或其他动力源的作用传到制动器，同时控制制动器的工作，获得所需要的制动力矩。

二、制动传动装置的分类

　　（1）制动传动装置按传力介质不同可分为液压式和气压式。
　　（2）制动传动装置按制动管路数可分为单回路和双回路。

三、制动传动装置的组成

　　轿车的行车制动系统都采用了液压制动传动装置，其主要由制动总泵（制动主缸）、液压管路、后轮鼓式制动器中的制动分泵（制动轮缸）、前轮盘式制动器中的液压缸等组成，图 5-58 为前盘式制动器、后鼓式制动器的制动示意图。

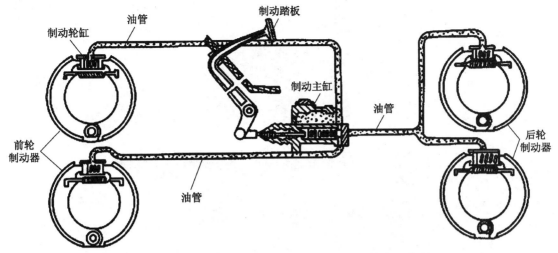

图 5-58 前盘式制动器、后鼓式制动器的制动示意图

制动总泵（制动主缸）与制动分泵（制动轮缸）由金属管（铜管）或橡胶制动软管相连。制动前，液压系统中充满制动液。踩下制动踏板，制动总泵将制动液压入制动分泵和制动钳，将制动块推向制动鼓和制动盘。在制动器间隙消失并开始产生制动力矩时，液压与踏板力方能继续增加，直到完全制动。此过程中，由于在液压作用下油管产生弹性膨胀变形而摩擦元件产生弹性压缩变形，制动踏板和制动分泵活塞都可以继续移动一段距离。放开踏板，制动蹄和制动分泵活塞在回位弹簧作用下回位，制动液回到制动总泵。

四、双腔液压制动总泵

现代轿车最常用的是串联双腔液压制动总泵，即两个单腔制动总泵串联在一起，形成双回路制动系统，而且当一个回路失效时，制动主缸必须保证另一个回路仍能工作。

1. 作用

双腔液压制动总泵的作用是通过踏板的作用力建立油压并输送到制动分泵，为制动系统提供制动油压。

2. 组成

双腔液压制动总泵由缸体、进油管、出油管、活塞、回位弹簧、止回阀、弹簧座、垫片、密封圈、止动螺钉、定位卡簧等组成，如图 5-59 所示。

3. 工作原理

双腔液压制动总泵的工作原理如图 5-60 所示。

储液罐（图 5-60 中未标出）中的油液经每一腔的空心螺栓（其内腔形成储液室）和各自的旁通孔、补偿孔流入主缸前腔与后腔。在主缸前、后腔内产生的液压分别经各自的出油阀和各自的管路传到前、后轮制动器的轮缸。

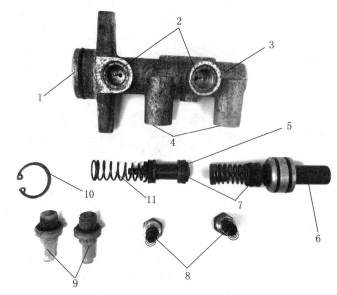

1—大螺母；2—进油口；3—缸体；4—出油口；5—活塞；6—顶杆；
7—皮碗；8—出油管；9—进油管；10—卡簧；11—回位弹簧

图 5-59 双腔液压制动总泵的零件

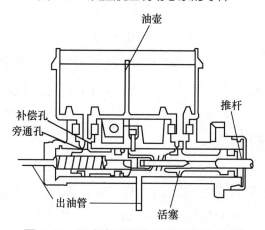

图 5-60 双腔液压制动总泵的工作原理

不制动时，推杆球头端与活塞之间保留有一定的间隙，以保证活塞在弹簧的作用下完全回到最右端位置，前、后两腔内的活塞头部与皮碗正好位于前、后腔内各自的旁通孔和补偿孔之间。制动时，为了消除推杆球头与活塞之间的间隙所需的踏板行程，称为制动踏板自由行程。

双腔液压制动总泵结构如图 5-61 所示。

当踩下制动踏板时，踏板传动机构通过推杆推动后缸（第一）活塞前移，到后活塞皮碗掩盖住旁通孔后，此腔液压升高。在后缸液压和后缸弹簧的作用下，推动前缸活塞向前移动，前缸压力也随之升高。当继续下踩制动踏板时，前、后缸的液压继续升高，使前、后轮制动器制动。

解除踏板力后，踏板传动机构、主缸前后缸活塞和轮缸活塞在各自的复位弹簧作用下复位，管路中的制动液借其压力推开回油阀门流回主缸，于是解除制动。

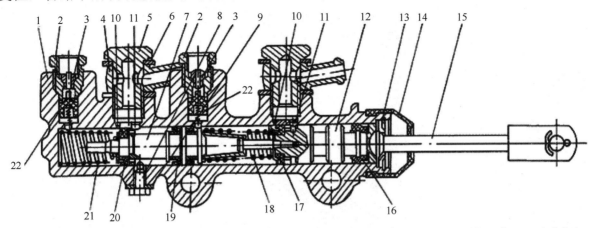

1—主缸缸体；2—出油阀座；3—出油阀；4—进油管接头；5—空心螺栓；6—密封垫；7—前缸活塞；8—定位螺钉；
9—密封垫；10—旁通孔；11—补偿孔；12—后缸活塞；13—挡圈；14—护罩；15—推杆；16—后缸密封圈；
17—后活塞皮碗；18—后缸弹簧；19—前缸密封圈；20—前活塞皮碗；21—前缸弹簧；22—回油阀

图 5-61　双腔液压制动总泵结构

若与前腔缸接的制动管路损坏漏油，则在踩下制动踏板时只有后缸中能建立液压，前缸中无压力。此时，在液压差作用下，前缸活塞迅速前移到前缸，活塞前端顶到主缸缸体上。此后，后缸工作腔中的液压方能升高到制动所需的值。

若与后缸连接的制动管路损坏漏油，则在踩下制动踏板时，起先只是后缸（第一）活塞前移，而不能推动前缸（第二）活塞，因为后缸工作腔中不能建立液压。但在后缸活塞直接顶触前缸活塞时，前缸活塞前移，使前缸工作腔建立必要的液压而制动。

由上述可见，双回路液压制动系统中任一回路失效时，主缸仍能工作，只是所需踏板行程加大将导致汽车的制动距离增长，制动效能降低。

4．制动总泵的分解

将制动总泵外部清洗干净，向内推动初级活塞并卸下卡簧，拆下储液罐，向里推动次级活塞，拆下定位销，再拆下次级及初级活塞。从储液罐上拆下橡胶护圈，从储液罐盖上拆下储液罐密封圈。制动总泵各零件位置关系如图 5-62 所示。

5．制动总泵推杆间隙的调整

在制动总泵安装前，必须检查制动总泵推杆与活塞间的间隙。其检查调整步骤：将推杆调节规装到制动总泵上，转动调节螺母，使中心轴向内移动，直至其顶部与次级活塞端部接触为止。在保持中心轴位置不变的情况下，将推杆调节规倒装到制动助力器上，并安装制动总泵螺母，按规定力矩拧紧。

在发动机真空管与制动助力器之间接一块真空表，测推杆调节规本体与调节螺母的间隙时，启动发动机并保持一定的转速，以产生 66kPa 的真空。此时，利用塞尺测量推杆调节规本体与调节螺母的间隙，此间隙的规定值为 0～0.4mm。

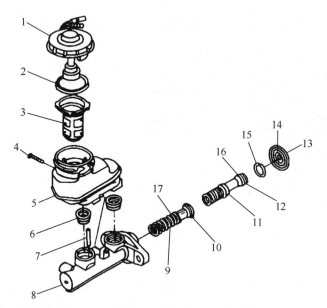

1—储液罐盖；2—储液罐密封圈；3—过滤网；4—螺栓；5—储液罐；6—橡胶护圈；7—定位销；
8—制动总泵；9—初级活塞；10—压力皮碗；11—活塞皮碗；12—次级活塞；
13—涂润滑脂；14—推杆密封圈；15—卡簧；16、17—皮碗

图 5-62　制动总泵各零件位置关系

6．制动总泵的组装

（1）将储液罐密封圈装入储液罐盖的凹槽里，然后将过滤网和储液罐盖装到储液罐上，再将新的橡胶护圈装到储液罐上。

（2）将活塞狭槽与制动总泵的定位销对正，把初级活塞总成装进制动总泵内。

（3）将次级活塞总成装进制动总泵中并推进初级活塞，使初级活塞上的狭槽与定位销对正，最后装上定位销。

（4）将储液罐装到制动总泵上，向内推动次级活塞，安装新的卡簧。在推杆密封圈上涂上总泵密封组件中推荐使用的密封润滑脂，并将密封圈装到制动助力器上。

五、真空助力器

图 5-63　真空助力器

真空助力器（见图 5-63）位于制动踏板推杆和制动总泵之间，利用发动机工作时进气管的真空（进气管的气压低于大气压力）实现在制动时增大驾驶员对总泵的推力，增加制动效果，减轻驾驶员的疲劳强度。

1．真空助力器结构

真空助力器由膜片、回位弹簧、壳体、真空阀、空气阀和推杆等组成。膜片将壳体内的空腔分为了两个

腔：前腔和后腔，前腔通过单向阀与发动机进气管连接。

真空助力器内有两个控制阀，即真空阀和空气阀，其中真空阀用于控制壳体内膜片分隔的前腔与后腔之间的连通或封闭，而空气阀用于控制后腔与外界大气之间的连通或封闭。

2．真空助力器的工作原理

真空助力器的前腔与发动机进气管连接，发动机工作时，进气管的压力小于大气压力。

（1）未踩下制动踏板，如图 5-64（a）所示。没有踩下制动踏板时，空气阀封闭，后腔与大气之间隔闭；而真空阀打开时，前腔与后腔之间连通，此时前腔和后腔的气压均相等，伺服气室膜片在回位弹簧力作用下回位，真空助力泵不起作用。

（2）踩下制动踏板，如图 5-64（b）所示。踩下制动踏板时，首先真空阀先封闭，前腔和后腔隔闭；之后空气阀打开，后腔与大气相通。此时，前腔与真空源相通，而后腔因与大气相通，在此压力差下，伺服气室膜片移动，将驾驶员踩刹车的力增大，实现助力作用。

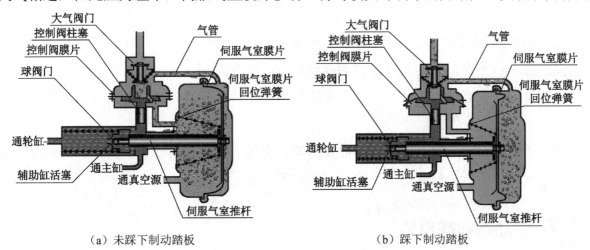

（a）未踩下制动踏板   （b）踩下制动踏板

图 5-64　真空助力器工作原理图

（3）维持制动。当踩住制动踏板不动后，空气阀由打开变为封闭，后腔与大气隔闭，真空助力泵膜片既不能前进也不能后退，处于维持制动力状态。

（4）松开制动踏板。控制阀在回位弹簧的作用下回位。进气阀门关闭，真空阀门打开，真空助力器的前腔体与后腔体相通，通真空源，后腔体的空气被抽走。伺服气室膜片托盘在回位弹簧的作用下回位，此时其处于解除制动状态。

3．真空助力器的检修

真空助力器（见图 5-65）常见的故障是膜片破裂，助力器罩壳及密封件不密封等。当出现故障时，制动装置仍可继续工作，但制动效能显著降低，必须尽快拆卸检修。

（1）真空助力器分解后，全部金属零件应使用溶剂洗净并擦干，通道和凹槽应用压缩空气吹干净，密封件应用酒精或制动液清洗，不得接触机油、黄油或汽油。

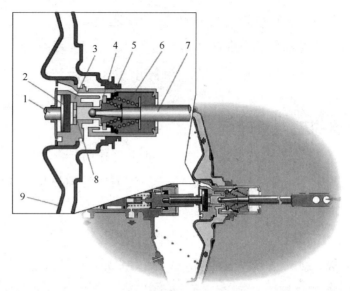

1—制动主缸推杆；2—橡胶反作用盘；3—膜片座；4—空气阀座；
5—橡胶阀门；6—弹簧；7—控制阀推杆；8—控制阀柱塞；9—膜片

图 5-65　真空助力器

（2）检查阀及阀座，其上不应有槽纹和破裂现象，否则要更换阀体。推杆及操纵杆如有磨损，应予以更换。推杆在阀体内应滑动自如，松紧适度。

（3）前后壳体破裂、膜片损坏或活塞破旧均需视情况更换。前后密封件如有泄漏必须更换。

（4）桑塔纳的制动助力器一般不需要修理，出现故障后更换整个助力器。柴油发动机由于真空度小，所以一般装有一个产生真空的真空泵。

六、制动防抱死系统

制动防抱死系统（Antilock Brake System）简称 ABS。其作用就是在汽车制动时，自动控制制动器制动力的大小，使车轮不被抱死，处于边滚边滑（滑移率在 20% 左右）的状态，以保证车轮与地面的附着力在最大值。ABS 制动效果如图 5-66 所示。

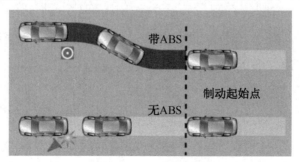

图 5-66　ABS 制动效果

制动防抱死系统主要由轮速传感器、制动压力调节器和电子控制器（ECU）等组成，ABS 的组成及布置如图 5-67 所示。

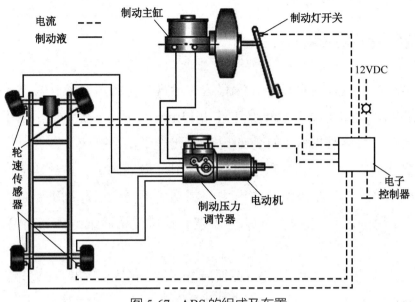

图 5-67 ABS 的组成及布置

工作原理：汽车制动时，首先由轮速传感器测出与制动车轮转速成正比的交流电压信号，并将该电压信号送入电子控制器（ECU）；由 ECU 中的运算单元计算出车轮速度、滑动率及车轮的加速度与减速度，然后再由 ECU 中的控制单元对这些信号加以分析比较，向压力调节器发出制动压力控制指令；使压力调节器中的电磁阀等直接或间接地控制制动压力的增减，以调节制动力矩，使之与地面附着状况相适应，防止制动车轮被抱死。例如，电子控制装置判定右前轮趋于抱死时，电子控制装置就使控制右前轮制动压力的进液电磁阀通电，使右前进液电磁阀转入关闭状态，制动主缸输出的制动液不再进入右前制动轮缸，电子控制装置就使右前进液电磁阀和出液电磁阀都断电，使进液电磁阀转入开启状态，使出液电磁阀转入关闭状态，同时也使电动泵通电运转，向制动轮缸送制动液，由制动主缸输出的制动液和电动泵泵送的制动液都经过处于开启状态的右前进液电磁阀进入右前制动轮缸，使右前制动轮缸的制动压力迅速增大，此时右前轮又开始减速转动。

七、驱动防滑转系统

汽车行驶过程中，轮速传感器将车轮转速转变为电信号传输给驱动防滑转系统（ASR）的 ECU，ECU 根据车轮转速计算驱动车轮的滑转率，如果滑转率超出了目标范围，ECU 综合参考节气门开度信号、发动机转速信号及转向信号（有的车没有）等确定其控制方式，并向相应执行机构发出指令使其动作，将驱动车轮的滑转率控制在目标范围之内。

ASR 和 ABS 一样，主要由电子控制器、传感器、制动压力调节器三大部分组成。ASR

中的电子控制器可以是独立的，也可以与 ABS 共用，轮速传感器可与 ABS 共用，ASR 与 ABS 的制动压力调节器也可以共用。因此，通常将 ASR 和 ABS 组合在一起。

八、液压总泵的检修

（1）用量规检查总泵缸的直径，如没有这种量规，可将活塞放在总泵缸体中，用塞尺来检查活塞与缸体之间的间隙。如间隙超过 0.13mm，总泵必须更换。由于总泵的工作特点，活塞前端通常比后端磨损快，缸体的内半部比外半部磨损快。因此，在测量配合间隙时，应把活塞倒过来放入缸体内，在磨损最大处用厚薄规测量。另外还应注意，双活塞的缸体内径不能相差太大，否则因两活塞产生的制动力不同会引起制动跑偏。如果缸体的内壁有刮痕，必须使用细砂布（金属氧化粉）磨光，不可使用砂纸或砂布研磨。如刮痕较深，须更换总泵。

（2）检查进油管接头和螺栓。接头必须清洁畅通，螺栓、螺钉应完好。

（3）检查出口塞的阀门、弹簧及垫圈是否完好，如损坏必须更换。

（4）总泵皮碗、皮圈等零件在修理时一般均应更换，但若无软化或膨胀现象，技术状态确实完好，仍可继续使用。

（5）总泵、分泵在装配前，各零件应用制动液或酒精彻底清洗干净，切记不要用煤油或汽油清洗，以免密封件发胀，或浸入其他杂质，使活塞和缸体早期磨损。

（6）总泵的回位弹簧必须符合技术规范，如弹力不足应予以更换。

九、制动主缸空气排除

（1）将制动主缸储液罐中加注制动液至 MAX 线，必须保持其在排气过程中在半罐以上。

（2）若制动主缸是新的，则在安装前要排气，步骤如下所述。

① 安全地安置制动缸，注意不要损伤缸体。

② 用满足 DOT3（美国交通部标准）要求的制动液加注制动缸储液罐。

③ 在出口处放一容器，慢慢压缩制动缸柱塞通过其整个行程，然后盖住两个出口，使柱塞恢复原位。

④ 等 5s，直到制动主缸中的制动液无气泡再停止。

（3）若制动主缸被拆卸或拆开，则在其余制动元件排气前要先将其排气，步骤如下所述。

① 从制动主缸上松开前制动管路，允许制动液体从接头处流出来，用容器或布来吸

收制动液，正确处置制动液。

② 将管路连到制动主缸上，并将其拧紧，以防止制动液泄漏。

③ 踩下制动踏板，并保持一会儿。

④ 松开制动主缸处的前制动管路接头，使空气和一些制动液流出。管路拧紧前不要松开踏板，还可以防止空气重新进入制动主缸。

⑤ 慢慢松开踏板，重复上述过程，直至接口中只有制动液流出，并且液体中无气泡。

⑥ 当制动主缸中无空气后，拧紧管路与制动主缸接头，力矩为 15N·m。

⑦ 当空气从前接头中排出后，重复上述步骤排出后接头处空气。

（4）当排气结束后，向制动主缸中加注制动液至规定的位置。

💡 **警告**

严禁重新使用从制动系统中排出的制动液。严禁将制动液溅洒到油漆表面，否则油漆会受到损害，若溅到油漆表面，应马上用水清洗。

◦ 🗂 **任务实施** ◦

双腔液压制动总泵的拆装

（1）拆卸进油螺塞，保护好密封圈，如图 5-68 所示。

图 5-68 拆卸进油螺塞

（2）拆卸出油螺塞，取出弹簧、止回密封垫圈（止回阀），如图 5-69 所示。

图 5-69 拆卸出油螺塞

（3）拆卸制动螺钉，注意保护好油封，如图 5-70 所示。

（4）拆卸定位卡簧，如图 5-71 所示。

图 5-70 拆卸制动螺钉

图 5-71 拆卸定位卡簧

（5）取出第一活塞（后缸活塞）总成，依次拆出紧固螺钉、弹簧、弹簧座、垫片、活塞体，如图 5-72 所示。

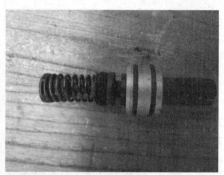

图 5-72 拆解第一活塞总成

（6）拆解第二活塞（前缸活塞）总成，依次拆出弹簧、弹簧座、垫片、活塞体，如图 5-73 所示。

图 5-73 拆解第二活塞总成

（7）清洗所有零部件。注意，零部件只能用酒精或同一牌号的制动液来进行清洗，不能接触其他油类，如汽油、煤油、机油、黄油等。一般活塞密封件可以不拆卸，应保持零件完好、完整。

（8）装配时按拆卸的相反顺序安装。每装一个零件都需要涂上少许制动液。

素养与思政

　　本任务要求分组训练，各小组必须按照规范的操作方式精确快速地进行安装、检修，力求将双腔液压制动总泵的拆装工作、双腔液压制动总泵零部件检测工作做到精益求精，弘扬大国工匠精神和科学、创新精神，各小组在实训过程中必须团结一致、相互合作学习，掌握理论知识后观看大国重器等视频，操作过程中注意安全，要求全程实现 7S 管理。

 **技能训练**

要求：

1．能规范进行双腔液压总泵的拆装、检查；

2．按照规范的工艺要求拆装，注意安全，全程要求 7S 管理。

 任务3 **驻车制动系统的构造与检修**

知识目标

1．掌握驻车制动系统的类型。

2．掌握电子驻车系统的工作原理。

能力目标

1．能说出电子手刹按钮功能。

2．能调整机械手刹。

思政目标

1．通过电子驻车系统的学习，培养学生爱国主义精神。

2．通过小组合作学习，培养学生爱岗敬业、团结互助的价值观。

3．通过观看大国重器的视频，培养学生的爱国主义精神。

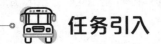 **任务引入**

　　驻车制动的作用就是在停车时给汽车一个阻力，使汽车不溜车。驻车制动一般有三种

形式：手刹、电子式和脚刹。本任务主要介绍驻车制动系统的构造、工作原理及检修方法等知识。

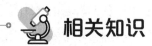相关知识

一、驻车系统的类型

驻车制动器俗称手刹，用于停车后防止车辆溜车使用，一般有三种形式：机械脚刹、机械手刹和电子手刹。

1．机械脚刹

机械脚刹就是像刹车踏板，只是它不会自动弹起来，刹车时一脚将踏板踩到底，即可起效；再用力一踩，然后松开，踏板弹起，即可释放刹车。

机械脚刹一般位于刹车或离合器旁边，如图 5-74 所示，在靠左脚下面，不容易查看，不像电子手刹、机械手刹那样直观，一眼就能看出它的状态。如果是手动挡的汽车，借助脚刹来进行坡道辅助起步就不太实用。

图 5-74 机械脚刹

2．机械手刹

它是一个机械拉杆，驾驶员用手拉起拉杆产生制动，放下后制动就消失了，注意，在放下制动拉杆前，要先按住拉杆前的按钮才能放下去，不按是放不下去的，如图 5-75 所示。在目前的汽车市场上，机械手刹常见于手动挡车型、低配自动挡车型、赛车车型等。这种手刹方式给人的感觉就是强调操控感，优点是价格低且维护简单方便，缺点是占据空间大。

按在汽车上安装位置的不同，驻车制动装置分中央驻车制动装置和车轮驻车制动装置两类。前者的制动器安装在传动轴上，称为中央制动器；后者和行车制动装置共用一套制动器，结构简单、紧凑，已在轿车上得到广泛应用。

图 5-76 为盘鼓组合式制动器。

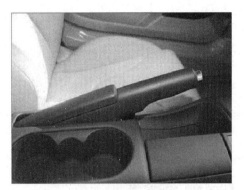

图 5-75 机械手刹

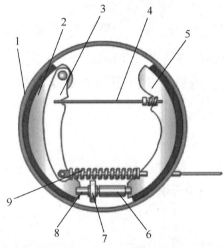

1—制动盘；2—第一制动蹄；3—拉臂；4—推杆；5—第二制动蹄；

6—可调顶杆体；7—调整轮；8—顶杆套；9—回位弹簧

图 5-76 盘鼓组合式制动器

这种制动器将一个作为行车制动器的盘式制动器和一个作为驻车制动器的鼓式制动器组合在一起。双作用制动盘的外缘盘作为盘式制动器的制动盘，中间的鼓部作为鼓式制动器的制动鼓。这种制动器一般由操纵杆、平衡杠杠、拉绳、拉绳调整接头、拉绳固定夹等组成，如图 5-77 所示。

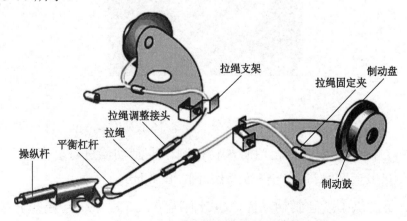

图 5-77 制动器及相关部件示意图

进行驻车制动时，将驾驶室中的手动驻车制动操纵杆拉到制动位置，经一系列杠杆和拉绳传动，将驻车制动杠杆的下端向前拉，使其绕平头销转动，其中间支点推动制动推杆左移，将前制动蹄推向制动鼓。待前制动蹄压靠到制动鼓上之后，推杆停止移动。此时，制动杠杆绕中间支点继续转动，于是制动杠杆的上端向右移动，使后制动蹄压靠到制动鼓上，施以驻车制动。

解除制动时，将驻车制动操纵杆推回到不制动的位置，制动杠杆在卷绕在拉绳上的回位弹簧作用下回位，同时制动蹄回位弹簧将两制动蹄拉拢，停止制动。

调整方法：

① 先将驻车制动器的拉绳完全松开，调整好行车制动器（见行车制动器的调整）；

② 调整驻车制动器拉绳的长度，拉起操纵杆 6～9 格，驻车制动器应有效；

③ 再次检查行车制动器应可靠有效，否则应重新调整，直至行车与驻车制动器均可靠有效。

3. 电子手刹

电子手刹（EPB）是指将行车过程中的临时性制动和停车后的长时性制动功能整合在一起，并且由电子控制方式实现停车制动的驻车系统。

电子手刹就是一个按钮，拉起来，指示灯亮表示在起作用制动。要取消电子手刹驻车制动，有两种方法，一种方法是用脚先踩住刹车，然后将电子手刹按钮按下，等到手刹上的灯熄灭了，就表示取消了，某车型的电子手刹按钮位置如图 5-78 所示。另一种方法是，无视电子手刹的存在，直接给油行驶，此时车载电脑系统会对驾驶人的行为进行判断，当它明白你的意图就是给油行驶时，就会自动取消电子手刹。

图 5-78 电子手刹按钮

EPB 系统除了具备传统手刹的静态驻车、静态释放功能，还具备自动驻车及起步辅助功能。EPB 系统检测到点火开关无电时，将控制车辆制动器进行驻车制动（自动驻车）；检测到驾驶员有起步意图时，进行释放动作（起步辅助）。

此外，EPB 还提供了紧急制动功能。通常情况下，EPB 系统会通知 ESP 进行制动（激活 ESP 动态减速制动）。在 ESP 响应不正常的情况下，EPB 还提供了独立的制动功能（后

轮防抱死动态制动、失效制动），以确保在 ESP 系统失灵的情况下，依靠 EPB 系统也可以完成应急驻车，有效提高了车辆的安全性。

电子手刹与传统手刹制动相比，具备下述优点：

（1）可以在发动机熄火后自动施加驻车制动；

（2）驻车方便、可靠，可防止意外的释放（比如小孩、偷盗）；

（3）不同驾驶员的力量大小有别，传统手刹制动对实际驻车作用力存在差异，而 EPB 制动力稳定，不会因人而异。

（4）可以增加辅助起步等自动功能。

（5）占用驾驶室空间较小。

二、电子驻车系统的结构与工作原理

1. 电子驻车系统的结构

电子驻车系统由各种传感器、执行器、控制单元、EPB 按键等组成，如图 5-79 所示。EPB 产品主要分两类：集成式 EPB 和拉索式 EPB，如图 5-80 所示。凭借功能及性能上的优势，集成式 EPB 已成为 EPB 的首选结构。而集成式 EPB 根据后制动器形式又分为集成钳式与集成鼓式，拉索式 EPB 根据拉索形式又分为单拉索式及双拉索式。

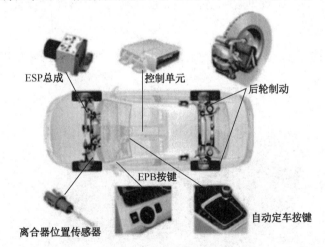

图 5-79 电子驻车系统

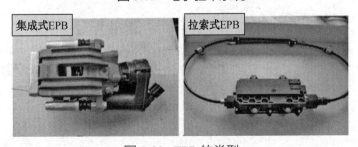

图 5-80 EPB 的类型

集成式 EPB 系统的组成硬件包括 EPB 控制器（独立或集成在 ESC 控制器内部）、电子驻车卡钳、EPB 开关等，如图 5-81 所示。

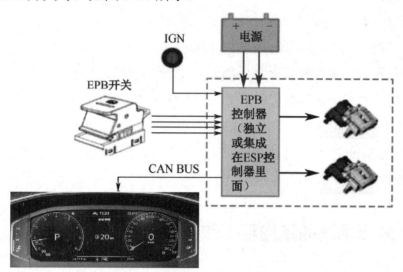

图 5-81　集成式 EPB 系统

（1）EPB 控制器。

EPB 控制器目前存在两种硬件实现方案：一种是将 EPB 控制软件集成在汽车电子稳定控制系统（ESC）控制器硬件上，称为集成 EPB 控制器（EPBi）；另一种是将 EPB 控制软件集成在单独开发的 EPB 控制器硬件上，称为独立 EPB 控制器。

（2）电子驻车卡钳。

电子驻车卡钳兼顾了行车制动和驻车制动功能，其结构如图 5-82 所示。

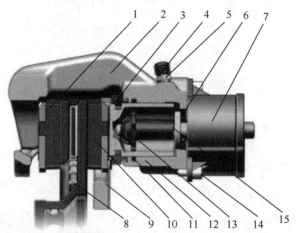

1—外摩擦片；2—钳体总成；3—活塞防尘罩；4—放气螺钉罩；5—放气螺钉；6—推力轴承；
7—电控执行单元；8—制动盘；9—制动钳支架；10—内摩擦片；11—矩形密封圈；
12—活塞；13—螺套；14—电控执行单元固定螺栓；15—螺杆

图 5-82　电子驻车卡钳结构

其行车制动功能的实现方式同一般制动钳一致，驻车制动的工作原理为：驾驶员操控

EPB 开关，电动机转动带动促动机构产生促动作用力，并推动活塞和制动片总成夹紧制动钳，形成夹持力，实现驻车。

2．EPB 系统工作原理

当车辆处于静止状态时，EPB 通过内置在 ESP 电脑中的纵向加速度传感器来测算坡度，从而可以算出车辆在斜坡上由于重力而产生的下滑力，电脑通过电动机对后轮施加制动力来平衡下滑力，使车辆能停在斜坡上。当车辆起步时，电脑通过油门的大小来测算需要施加的制动力，同时通过高速 CAN 与发动机电脑通信来获知发动机牵引力的大小。电脑自动计算发动机牵引力的增加，相应地减少制动力。当牵引力足够克服下滑力时，电脑驱动电动机解除制动，从而实现车辆顺畅起步。

当车速小于 7km/h 时，驾驶人通过按动电子驻车制动系统按钮使用驻车制动系统，位于后轮制动钳上的驻车制动系统控制模块电动机开始转动，对驻车制动系统盘施加制动力；同时传统的液压制动介入工作，让制动响应更加敏捷。车辆在驻车时，驾驶人通过踩加速踏板或者踩制动踏板（使制动力达到 10bar）能实现自动释放驻车制动系统。

当车速大于 7km/h 时，驾驶人按动并按住电子驻车制动系统开关会启动动态紧急制动功能。当行车制动器工作正常时，会通过 ESP（电控车辆稳定行驶系统）控制行车制动器对 4 个车轮的进行制动。

三、EPB 系统基本功能

1．静态驻车制动

车辆在停止时，按下 EPB 开关（无论点火开关是 ON 或 OFF，以及行车制动的状态），EPB 系统工作制动锁止车辆。释放驻车制动时，点火开关处于 ON 位置（发动机工作或熄火均可），踩下行车制动踏板，拉起 EPB 开关，EPB 系统停止制动锁止。当然如果车辆的发动机盖和后备厢盖及 4 个车门都是 OFF 状态时，变速器杆从 P 位移到 R 位或 D 位时，EPB 系统也会自动释放。

2．动态应急制动

车辆在行驶时，驾驶员按下 EPB 开关，EPB 控制单元收到开关信号后通过数据总线要求 ESP（车身电子稳定系统）系统控制行车制动，如果行车制动系统或是 ESP 系统故障，由 EPB 控制单元直接控制驻车制动系统工作（仅限于后轮）来应对这种紧急情况。EPB 系统的动态制动控制是持续进行的，直到松开 EPB 开关为止。在动态制动工作期间，驻车制动警告灯将会一直闪烁。

3．自动车辆固定功能

自动车辆固定（AVH）功能也称制动力自动保持，由 ESP 系统实现对该功能的控制，

其主要是为了应对车辆由于路面交通信号在 D 挡停止时对车轮进行液压制动的控制,也同时是为了保证在上坡起步时车辆不会后移,在部分欧洲车上该功能可以通过操作显示器的菜单或诊断仪激活或取消。

4．制动间隙自动调整

对于以鼓式制动为主的电子驻车制动系统,当制动蹄因磨损而导致制动间隙过大时,EPB 控制单元在每次执行驻车制动操作时会通过执行电动机内的拉力传感器感知这一变化,然后执行电动机就会适时收紧制动拉线,从而自动调整间隙。而对于以盘式制动为主的电子驻车制动系统则是通过每次执行驻车制动操作时执行电动机内的霍尔传感器测量到的执行电动机旋转的圈数来感知制动间隙的改变,然后利用电动机齿轮箱的工作推动螺杆来自动调整间隙。

5．应急释放功能

当 EPB 系统出现机械故障或是因为电压不足导致系统不能够释放制动器时,可以将车辆上配备的专用工具插入执行电动机上预留的应急释放孔内,通过放置或拉动的方式松开制动蹄片或制动卡钳,以解除后轮的驻车制动功能。

6．系统自诊断

EPB 控制单元通过 C-CAN 数据总线与其他控制单元实现数据交换,可以使用诊断仪对系统进行自诊断、数据流的读取及系统的一些功能设置。

四、电子手刹按钮功能

（1）拉起开关驻车。在车辆静止状态下拉起电子驻车开关,手动驻车完成,指示灯点亮。EPB 一旦启用,仪表上的红色电子驻车制动指示灯将会被点亮。

（2）按下开关释放。车辆在驻车状态下,处于上电或启动状态,踩下制动踏板,同时按下电子手刹功能按钮（如图 5-83 所示）,EPB 释放,开关处的指示灯熄灭。

电子手刹（EPB）功能按钮

图 5-83 电子手刹功能按钮

（3）长拉开关再夹功能。当熄火自动驻车后,向上长拉开关 3s,驻车系统将以最大夹紧力再次驻车。

（4）行驶中紧急制动。当车辆以大于 5km/h 的速度行驶时，长拉开关（3s 以上）可进行紧急制动（注：用于行车制动失效时）。

自动驻车的几种情况。

（1）P 挡自动驻车（适用于自动挡车型）。当车辆处于静止状态时，从任意挡位切换至 P 挡位，车辆将自动驻车，此时自动驻车按钮红色指示灯亮起。

（2）开车门自动驻车。当车辆处于静止状态时，打开主驾车门，车辆将自动驻车，此时自动驻车按钮红色指示灯亮起。

（3）熄火自动驻车。当车辆处于静止状态时，通过一键启动按钮熄火后，车辆将自动驻车，此时自动驻车按钮红色指示灯亮起。

（4）溜坡再夹。在斜坡上驻车后，如果出现溜坡，系统将用最大夹紧力再次驻车，防止溜坡（电子驻车系统会根据坡度的不同采取不同的力度驻车）。

五、自动驻车按钮功能

1. 自动驻车功能

当按下自动驻车（AUTO HOLD）功能按钮时（如图 5-84 所示）功能开启，指示灯变为绿色，但必须同时满足以下 3 个条件才可开启自动驻车功能。

图 5-84　AUTO HOLD 功能按钮

（1）整车处于上电状态。

（2）主驾车门处于关闭状态。

（3）主驾系上安全带，自动驻车功能激活。

当打开自动驻车功能后，车辆在 2km/h 以上速度行驶时，踩下刹车使车辆静止后，保持刹车约 1s 后松开，车辆将自动驻车，具体操作方法如下。

自动挡车型：行驶时踩停后，保持刹车 1s 以上再松开，便会自动驻车（D 挡或空挡均可驻车）。

手动挡车型：行驶时踩下离合踏板与制动踏板后，将挡位挂到空挡，抬起离合（制动踏板保持 1s 以上再松开），车辆便会自动驻车。

2．关闭自动驻车功能

（1）在自动驻车开启的情况下，再次按下 AUTO HOLD 按钮，将退出自动驻车功能，此时指示灯熄灭。

（2）在开启 AUTO HOLD 功能后，若解开主驾安全带或打开左前门，自动驻车功能将退出，指示灯熄灭；若重新系上安全带和关闭主驾车门，功能将恢复，指示灯点亮。

3．松开安全带驻车

AUTO HOLD 开启且车辆处于静止状态时，解开主驾安全带后，车辆将自动驻车。

4．记忆功能

若上一次整车断电时 AUTO HOLD 为开启状态，下一次整车上电时会记忆上一次的状态，默认开启 AUTO HOLD 功能。

5．驻车后自动释放

车辆启动并且处于驻车状态时，可通过以下方式完成自动释放驻车操作。

（1）手动挡车型。关好车门、系上安全带踩下离合，将挡位挂入前进挡或倒挡，慢慢抬离合同时轻踩油门踏板，车辆便可自动释放驻车。

（2）自动挡车型：关好车门、系上安全带，挡位挂入前进挡或倒挡，轻踩油门踏板，车辆便可自动释放驻车。

💡 **注意**

（1）若是在坡道起步时，由于坡度的不同，驻车制动力也会不同，所以自动释放驻车需要的油门深度也不一样（坡道时适当加大油门深度）。

（2）自动释放时，由于电动机工作，车辆后方会有电动机声传来，属于正常现象。

（3）电子驻车的特点如图 5-85 所示。

图 5-85　电子驻车的特点

机械手刹调整及检查

（1）用举升机将车举起来（或者用千斤顶将车的后部顶起来），如图 5-86 所示，使车的两个后轮离开地面可以转动就行。

图 5-86 举升车辆

（2）调节汽车挡位，如果是自动挡，调节到 P 挡，如果是手动挡，将换挡杆挂到 1 或 2 挡，如图 5-87 所示。

图 5-87 挡位位置

（3）拆卸手刹上面的装饰盖，找到手刹手柄底部与铜缆连接处的补偿机构，如图 5-88 所示。用扳手调节调整螺帽的松紧程度，以拉起操纵杆 6～9 格，驻车制动器有效为标准。

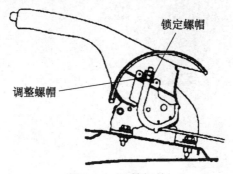

锁定螺帽

调整螺帽

图 5-88 调整机构

（4）调节完成后，将手刹完全放松，检查车的后轮是否能够转动，两个后轮都要检查，

防止后轮抱死，以手转动轮胎，应无卡滞现象，如图 5-89 所示。

图 5-89　检查手刹

（5）手刹调整后检查方法：

① 拉好驻车制动器，一挡起步，发动机应熄火；

② 汽车停留在 30° 的斜坡上，拉好驻车制动器，汽车不应滑动。

💡 **素养与思政**

　　本任务要求分组训练，各小组必须按照规范的操作方式精确快速地进行安装、检修，力求将手刹调整工作做到精益求精，弘扬大国工匠精神和科学、创新精神，各小组在实训过程中必须团结一致、相互合作学习，掌握理论知识后观看大国重器等视频，操作过程中注意安全，要求全程实现 7S 管理。

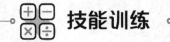

技能训练

　　要求：

1．机械手刹的调整。

2．按照规范的工艺要求调整，注意安全，全程要求 7S 管理。

参考文献

［1］瑞佩尔. 重型卡车维修技术手册：底盘分册［M］. 北京：化学工业出版社，2021.

［2］何君. 汽车底盘构造与维修［M］. 北京：北京理工大学出版社，2020.

［3］文定凤. 汽车底盘构造与维修［M］. 北京：机械工业出版社，2018.

［4］黄伟. 汽车行驶、转向和制动系统检修［M］. 杭州：浙江大学出版社，2015.

［5］高允辉，段伟. 汽车底盘构造与维修［M］. 北京：中国科学技术大学出版社，2014.